스스로를 지킬 수 있는 인간관계 처방전

무례한 사람에게 휘둘리지 않는 법

정재훈 지음

프롤로그

　'도끼는 잊어도 나무는 잊지 못한다.'라는 말이 있다. 많은 나무를 찍은 도끼는, 어떤 나무를 찍었는지 일일이 기억하지 못하지만 도끼에게 날카롭고 치명적인 상처를 입은 나무는, 그 아픔을 영영 기억한다는 뜻이다. 이는 인간관계에서도 동일하게 적용된다. 상대방에게 격 없는 무례를 저지르고 씻을 수 없는 상처를 남기는 사람은 자신이 그렇게 했던 행동과 말을 기억하지도 못하지만, 그런 무례한 사람에게 당한 사람들은 그 상처를 영영 기억하며 아파한다. 참다 참다

못해 상대방에게 내가 받은 상처를 드러낸다한들 그 상대방의 반응은 뻔하다. '뭐 그런 거 가지고 그러냐?' '나는 다른 사람들한테 더 한 것도 당했어.' '너무 속 좁은 거 아니야?' 무례한 사람들에게 이해를 바랐을 뿐인데, 상처를 치료해 달라고 한 것도 아니고 그저 진심 어린 사과를 바랐을 뿐인데, 그것조차 해주지 않는다. 그렇기에 이제는 마음을 달리 먹어야 한다. 무례한 이가 상처 받은 우리의 마음고생을 알아 줄 거라는 착각을 해서는 안 되고, 그들의 태도에 어떠한 변화도 없을 것이라는 걸 분명히 인지하고 대처해야 한다.

'이 정도 티를 냈으니 다음에는 안 그러겠지.' '내가 오해한 것일 수도 있으니 기다렸다가 적당한 때가 되면 말해야지.'라며 혼자 그 상처를 감내하고 견딜 필요가 없다. 격이 없는 무례함에는 전에 없던 단호함으로 대처해야 하며, 상대방과의 관계가 나빠질 거라는 두려움에 아무 행동도 취하지 못할 바에는, 관계를 정리하더라도 나 자신을 지키고 스스로를 보호하기 위해 확실한 액션을 취해야 한다. '무례한 사람에게 휘둘리지 않는 법'은 살아가며 우리가 겪게 되는 수많은 인간관계의 문제와, 그 문제를 해결하기 위한 바람직한 자세에 대해 중점적으로 다룬 책이다.

부디 이 책이, 더 없이 착한 여러분이 더 이상 관계에서 상처 받고 다치지 않을 수 있게, 그로 인해 단단하게 스스로를 지킬 수 있는 처방전이 되기를 간절히 바란다.

Contents

chapter 2 예전처럼 한 마디 한 마디에 상처 받지 않는 이유

chapter 3　　잘 배운 사람들이 인간관계에서 철저히 지키는 것들

chapter 5 　　　　　　　　　　반드시 알아야 할 인간관계 상식

명언 : 톨스토이

명언 : 앤드류 매튜스

못된 이들은
못되게 대해줘야
더 이상 못 까분다

인간관계에서 높은 확률로
나를 아무렇지 않게 취급하는 사람 특징

1. '만만한가?'라는 생각이 자꾸만 들게 만든다.

예전에 이런 친구가 있었다. 그 때 당시에는 친해서 친구들끼리도 많이 보곤 했었는데, 그 친구는 대화를 할 때마다 내가 무언가를 얘기하면, 항상 말을 자르거나, '너 그거 잘 못하잖아.' '너 그거 안 될 거 같은데?'라며 나를 부족한 사람 취급했다. 둘이 같이 있을 때 그랬으면 나도 반박을 했을 텐데, 사람들과 함께 있을 때 그런 행동을 하니 화내기도 애매하고 속으로만 쌓아두게 됐다. 그렇게 쌓아두고 말을 하지 않으니 계속해서 그런 행동이 심해졌고, 선을 넘어 결국 그 친구를 손절하게 됐다.

나를 아무렇지 않게 취급하는 사람들의 공통적인 특징 중 하나는, '만만하게 보는 거 같다'라는 생각이 들게 한다는 것이다. 결코 당신이 예민해서 그런 게 아니다. 피해의식이 있어서 그런 것도 아니다. 이런 사람들은 사실에 입각해서 말하는 것도 아니고, 그냥 내가 만만한 것이다. 이 사람들은 '무조건 넌 내 아래고, 내가 그 분야에 대해서 잘 모르지만, 일단 너보단 잘 알아.'라는 이상한 마인드를 갖고 있다. 그렇기에 이런 사람들과 계속 시간을 보내면 나만 힘들고, 짜증이 난다. 괜히 처음부터 갑을이 형성된 것만 같고, 좀 괜찮아졌나 싶다가도 다시금 저런 말투로 짜증을 유도한다.

2. 화내면 예민한 사람 취급하는데 똑같이 대해주면 정색한다.

'야, 그거 가지고 그러냐?' '그냥 장난이잖아.' 매번 자신이 선을 세게 넘었으면서, 내가 응당 화낼만한 행동이나 말을 했음에도 불구하고, 화를 내면 예민한 사람 취급하는 인간들이 있다. 이런 사람들은 정작 본인이 한 말이나 행동의 10%만 돌려줘도 불같이 화를 내거나 정색을 한다. '야, 말이 너무 심한 거 아니야?' '그건 아니지 않냐?' 자신이 한 행동이나 말의 잘못은 1도 생각 안 하고 상대방에게만 친절과 관용과 배려를 바란다. 이런 사람들을 만나다보면, '아, 이게 당연한가?' '내가 잘못한 건가?'라는 생각이 들 수도 있는데, 절대 그러지 않았으면 좋겠다. 당신이 잘못한 건 단 하나도 없다. 그저 그 사람이 이상한 것이다. 자신의 태산과 같은 잘못은 티끌로 생각하고, 아무렇지 않은 걸로 생각하면서 상대방의 티끌 같은 잘못은 태산 같이 여기는 이런 사람들은 결국 나를 아무렇지 않게 생각하기 때문에 이런 행동과 말을 하는 것이다.

3. 다른 사람한테 하는 행동과 나에게 하는 행동이 다르다.

다른 사람에게 하는 행동은 정말 친절하고 세상 좋은 사람인데, 나에게는 세상 엄격하고 무례한 사람들이 있다. '누군가의 진짜 인성을 보려면 그의 오래된 친구라거나, 부모님에게 하는 행동을 보라.'라는 명언이 있듯, 결국 자신이 정말 편하게 생각하고 오랜 기간 봐온 사람에게 하는 행동들이 그 사람의 진짜 인성을 보여준다. 누군가에게는 한 없이 친절하고 좋은 사람이라도, 나에게는 완전히 다른 행동과 말을 한다면 그 사람은 높은 확률로 당신을 아무렇지 않은 사람 취급하는 것이다. 이처럼, 나를 존중하지 않고 배려하지 않는 사람들에게 내 소중한 시간과 감정을 낭비할 필요 없다. '그것만 없으면, 이것만 안하면 괜찮은데..' 라며 일말의 아쉬움과 가능성을 남겨둘 필요도 없다. 과감하게 잘라내고 내 감정을 우선 보호하자. 나를 존중해주는 좋은 사람들과 좋은 시간을 보내기에도 모자란 인생이다.

2

사회성이 부족한 사람들이
공통적으로 쓰는 화법

1. 그냥 넘기면 될 걸 긁어 부스러기 만든다.

　주변에 꼭 그런 사람이 한 명쯤은 있을 것이다. 누군가가 뭘 한다고 했을 때, 그냥 넘기면 되는데 꼭 그걸 긁어 부스러기 만드는 사람들.

예를 들어, 누군가가 공무원 시험 준비하고 있다고 말하면, '열심히 해. 응원할게.' 한 마디 하면 되는데, '야, 요즘 공무원 돈도 못 버는데, 경쟁률은 엄청 높잖아. 그냥 그거 할 바에야 나는 개인 사업하겠다.' '너 집중력을 내가 아는데, 넌 공무원 할 집중력은 아니야. 그거 힘들어.'라며 마치 자신이 공무원에 합격했던 사람처럼 어쭙잖은 조언을 하며 상대방의 기분을 불쾌하게 한다. 이처럼 사회성이 부족한 사람들은 그냥 넘기면 될 걸 굳이 긁어서 부스러기를 만든다. 그리고 그 부스러기를 상대방의 머리에 대놓고 탈탈 털어버린다. 마치 자신의 말이 진짜 현실적이고 뼈 때리는 충고라 믿으며, 경우 없는 무례를 계속해서 보여준다. 그러나 이런 사람들의 부스러기 같은 말에 전혀 신경 쓸 필요가 없다. 부스러기는 부스러기에 불과하다. 그냥 슥 한 번 털어버리면 된다.

2. 자신이 힘들면 남도 힘들어야 된다.

　사회성 부족한 사람이 공통적으로 갖고 있는 가치관 중 하나는, '내가 힘들면 너도 충분히 힘들어야 돼.'다. 예를 들어, 이런 것이다. 공무원 시험에 합격한 친구가 있다고 하자. 그리고 사회성이 부족한 사람도 공무원이라고 가정하자. 이럴 때 공무원 시험에 최근 합격한 친구는 수험 생활을 약 6개월 정도했고, 사회성이 부족한 사람은 수험생활을 약 3년 정도했다고 가정했을 때, 보통의 사람이면, '야, 너무 축하한다. 6개월 만에 되는 게 쉽지 않은데 진짜 축하해. 빨리 돈 벌고 얼른 같이 열심히 해서 진급하자.'라는 식으로 말한다. 그러나 사회성 부족한 사람들은 '와, 요즘 공무원 개나 소나 지원하나보네. 너가 6개월 만에 붙은 거 보니까. 나 때는 진짜 힘들었는데. 아마 그렇게 쉽게 붙은 만큼, 뭐 패널티가 있겠지?'라는 식으로 굉장히 못 되게 말한다. 이 사람들은 자신이 힘든 것만큼 상대방도 힘들어야 된다고 강하게 믿고 있고, 그렇기에 배배 꼬인 심리가 화법으로 표출되는 것이다.

3. 절대 남 잘 되는 꼴 못 본다.

사촌이 땅을 사면 배가 아프다라는 속담이 있다. 이런 사람들이 정확히 그렇다. 누군가가 열심히 해서 자금을 모아, 주식을 하거나 집을 사거나, 이런 저런 좋은 일이 있을 때, 사회성이 좋은 사람들은 '진심으로 축하한다. 정말 고생 많이 했구나. 나도 너처럼 열심히 살아야겠다.'라며 축하해 주고 방법을 물어보는데, 사회성 부족한 사람들은 '야, 무슨 또 방법을 써서 그렇게 돈 빨리 모았냐? 혹시 뭐 불법적인 일 한 건 아니지?'라며 기분을 팍 상하게 만드는 화법을 쓴다. 하지만 이런 말투 자체가 결국 자신의 부족한 자존감에서 발현되는 것이기에 큰 신경 쓸 필요가 없다. 앞선 3가지 말투를 쓰는 사람들에게 큰 스트레스 받고 감정 상하지 말자. 이런 식으로 비꼴수록 내가 잘하고 있구나라고 생각하면 된다. 일일이 맞받아쳐줄 필요도 동요할 필요도 없다. 남의 행복을 진심으로 응원해줄 줄도 모르는 사람 때문에 스트레스 받고 자존감 낮아지는 게 제일 쓸 데 없는 짓이다. 과감하게 잘라내거나, 잘라내지 못하는 경우라면 한 귀로 듣고 한 귀로 흘리자. 그게 우리의 건강한 마음가짐을 지키기 위해 가장 필요한 태도다.

3

못된 이들은 못되게 대해줘야
더 이상 못 까분다

1. 무례한 사람에게 2번 이상 당하면 그건 자신이 바보다.

누군가가 계속 선 넘는 행동을 하고, 무례를 아무렇지 않게 저질러도 '잘 타이르면 괜찮아지겠지.' '다음엔 안 그러겠지.'라며 넘어가는 사람들이 있다. 하지만 이건 굉장한 착각이다. 무례한 사람들은 나의 배려나 호의를 당연한 권리로 취급하며, 한 번 무례를 저질렀을 때 상대가 넘어가면 '다음에는 안 해야지. 내가 너무했어.'가 아니라, '어? 이 정도도 받아주네? 좀 더 해도 되겠는데?'라고 생각한다. 경우도 없고 정도도 없는 사람들을 애써 이해해주거나 배려하지 마라. 그건 무엇보다 내 정신 건강에 굉장히 안 좋다.

2. 못된 이들은 자기가 못된 줄 모른다.

못된 이들의 가장 큰 공통점은 본인이 못됐다는 걸 모른다는 것이다. 내로남불이 오랜 기간 살면서 인생에 고착화됐기에 선 넘는 무례를 저지르고도 '이 정도는 괜찮지 않나?'라거나, 상대방의 마음을 후벼 파는 못된 말을 해놓고도, '난 그래도 솔직하게 다 얘기하잖아. 이게 제일 좋은 거 아니야?'라며 본인을 정당화한다.

이런 사람들에게 한 번 된통 당하고 나면 그 얼얼함이 최소 일주일은 간다. 아무리 이 사람들에게 '너 진짜 못됐다.'라고 말한다 한들 결코, 그 사람들은 자가검열을 하거나, 미안하다고 사과하지 않을 것이다. 되려, '이 정도 갖고 뭐라고 하면 너 각박한 세상 어떻게 살래?'라며 핀잔을 주거나, '다 너를 위해서 내가 솔직하게 말하는 거잖아. 섭섭하네.'라고 도리어 사과를 바랄 것이다.

3. 그들의 부탁을 굳이 들어줄 필요가 없다.

못된 이들의 부탁을 굳이 들어주지 마라. 못된 이들에게서 이용당하고 상처 받는 사람들의 대부분은 그들의 부탁을 무리하게라도 들어준 사람들이다. 못된 이들은 부담스러운 부탁도 당연하게 생각한다. '이 정도는 우리 사이에 해줘야 되는 거 아니야?'라며 상대방에게 은근하게 자신의 의견을 강요하며, 부탁을 들어주지 않을 때 죄책감을 느끼게 한다. 이들은 이런 방면에서 이미 도가 텄기에, 내가 부탁을 들어준다한들 결코 고마워하거나 감사해하지 않는다. 계속해서 더 부담스럽고 힘든 부탁을 아무렇지 않게 할 것이다. 그러니 내 기준에서 아니다싶은 부탁이면 단호하게 거절해라. 그 부탁 안 들어줬다고 그 사람 인생이 잘못되는 것도 아니고,

만약 부탁을 들어주지 않았다고 섭섭함을 느끼거나 관계를 끊으려는 사람이라면 시기의 문제일 뿐 언제든 끊어질 사이였다고 생각하면 된다.

4. 더 못되게 말해라.

못된 사람이 못되게 말했을 때는 더 못 되게 말해라. 더 못 되게 행동해라. 이해하고 배려하는 것도 사람다운 사람에게 하는 것이다. '야, 너 살 많이 쪘네. 굴러다니겠다.'라고 한다면, '그러니까. 근데 얼굴 박살난 거보단 나은데?'라고 하거나, '야, 너 그것밖에 못 벌어서 어디에 쓰냐?'라고 한다면, '돈 많아도 성격 개차반이라 돈 같이 쓸 사람도 없는 것보단 그래도 지금이 낫지.'라는 식으로 아무렇지 않게 돌려줘라. 더 예쁜 말, 더 좋은 행동은 인간다운 사람에게나 하는 것이지, 이런 사람들에게 휴머니즘을 바랄 필요도, 해줄 필요도 없다. 눈에는 눈 이에는 이라는 속담이 굉장히 잘 어울리는 사람들이다.

" "

나에 대해 큰 애정 없는 사람들이
이러쿵 저러쿵 하는 얘기에
너무 흔들리지 않았으면 좋겠어요.

『유재석』

반드시 평생 가야 할 인간관계 유형

1. 자신의 잘못을 24시간 안에 사과하는 사람.

인생을 살다보면 필연적으로 많은 관계들을 맺게 되고, 또 그 관계가 마냥 좋을 수만은 없다. 안 맞는 사람도 만날 것이고, 또 정말 잘 맞는다고 생각했던 사람들과도 갈등이 발생한다. 다르게 살아왔기에 어쩔 수 없는 부분이다. 누군가는 탕수육을 찍어먹는 걸 선호하고, 누군가는 탕수육 소스를 부어먹는 걸 선호하듯 당연하고 자연스러운 것이다. 하지만, 정말 중요한 것은 갈등이 발생했다는 것보다, 그 갈등을 어떻게 해결하는가다. 자신의 잘못이 명확함에도 불구하고 알량한 자존심을 세우기 위해 상대방에게 끝까지 사과를 안 하는 사람도 있는 반면, 감정에 앞서서 말을 좀 심하게 했다며 진심으로 사과하는 사람도 있다. 전자 같은 경우에는 그동안의 좋았던 감정이 모두 사라지게 되며 최악으로 끝나지만, 후자의 경우에는 도리어 관계가 훨씬 돈독해질 수 있다. 사과에 인색하지 않은 사람은, 스스로에 대한 자존감이 높기에 상대방을 존중할 줄 알고 배려할 줄 아는 사람이다.

2. 무조건 나에게 잘해주려고 하지 않는 사람.

'그래, 너가 맞아.' '그렇게 하자.' '내가 잘할게.' '그냥 내가 다 잘못했어.' 연인 사이든, 친구 사이든 어떤 경우에서든 나에게 무조건 맞춰주려 하는 사람이 있다. 물론 나에게 다 맞춰주니 편할 수도 있지만 오히려 이런 사람들이 더 위험한 경우가 많다. 스스로의 주관이 없이 나에게 120% 의존하기 때문에 나도 내가 모르는 사이에 갑질을 할 수가 있고, 또 상대방이 나에게 너무 의존하기에 큰 부담을 느낄 수 있기 때문이다. 그래서 무조건 나에게 잘해주려고 하는 사람들보다는, 자신의 주관을 갖고 다른 의견도 자신 있게 내세울 수 있는 사람, 그리고 그로 인해 건강한 가치관을 공유하며 함께 성장할 수 있는 사람이 훨씬 더 좋다.

3. 주변 평판이 남녀 모두에게 좋은 사람.

동성, 이성에게 모두 평판이 좋은 사람들이 진짜 좋은 사람일 확률이 높다. 예를 들어, 남자들 사이에서는 의리도 있고 괜찮은 사람이지만, 이성들 사이에서는 굉장히 무례하고 평이 안 좋은 경우. 여자들 사이에서는 배려심 깊고 따뜻한 사람이지만, 이성에게는 고압적이고 강압적인 경우. 성별에 따라 대하는 태도가 확연히 달라지는 사람보다는, 누구를 만나든 솔직한 자신의 모습을 보여주고, 그로 인해 신뢰와 호감을 얻을 수 있는 사람이 진짜 좋은 사람이다. 어떤 사람에게 '그 사람 어때?'라고 물었을 때 평이 확확 갈리는 사람보다는 '그 사람 진짜 배려 깊은 사람이야.' '그 사람 진짜 열정적인 사람이야.'라며, 일관된 평가를 받는 사람은 실제로 그렇게 살 확률이 굉장히 높다. 그렇기에 남녀 모두에게 평판이 좋은 사람을 만나면 훨씬 더 건강한 관계를 만들어갈 수 있다.

4. 지나치게 관심을 갈구하지 않는 사람.

지나치게 관심을 갈구하는 사람들을 만나면 매순간 피곤하다. 끊임없이 관심을 줘야 하고 관심이 없으면 우울해지기도 한다. 이런 사람들의 인생 가장 큰 가치는 '인정욕'이다. 물론, 인간의 삶에 있어 인정욕은 반드시 필요하다. 인정욕으로 인해 사람이 발전하고 또 성장하기 때문이다. 그러나, 이 인정욕이 과해지면 서로가 불편해진다. 삶의 모든 순간의 행동들이 인정받기 위함이라면, 함께 하는 사람도 부담이 되기 때문이다. 그렇기에 관심을 덜 주더라도 본인의 인생을 행복하게 사는 사람과 무난하게 좋은 관계를 맺고 살아가면 좋다.

5. 자신에게 굳이 도움이 되지 않는 사람들을 대하는 태도가 좋은 사람.

아이들, 할머니 할아버지들, 식당을 갔을 때 만나는 종업원 등, 이런 사람들에게 하는 행동이나 말을 보면 그 사람의 진짜 인성을 알 수 있다. 자신이 생각했을 때 나에게 도움이 되지 않는다 여겨지는 사람들에게도 잘 하는 사람들은 내가 힘들어져도, 나에게 도움 받을 게 없다 여겨져도 끝까지 옆에 남을 사람들이다. 반면 나에게 하는 행동과, 다른 사람에게 하는 행동이 180도 다른 경우에는 어느 정도 조심할 필요가 있다. 내가 자신에게 도움이 되는 무언가를 갖고 있기 때문에 옆에 있을 확률이 있기 때문이다.

6. 정확한 이유를 알지도 못하면서 화부터 내지 않는 사람.

자초지종도 듣지 않고, 정확한 상황파악도 되지 않았으면서 일단 넘겨짚고, 화부터 내는 사람들이 있다. 이런 사람들은 반드시 조심해야 한다. 어떤 경우에서든 감정적으로 대처하고 큰 실수를 할 수 있는 사람들이기 때문이다. 하지만,

어떤 경우에서든 경거망동하지 않고 넘겨짚지 않으며 어느 정도 자신이 확실하게 파악됐다싶을 때 거기에 대한 의견을 개진하는 사람들은 굉장히 배운 사람들일 확률이 높다. 감정에 휩쓸려 돌이킬 수 없는 실수를 하지 않으며, 더 나은 관계를 위한 노력을 하는 사람들이다.

7. 자신의 내면을 너무 솔직하게 비치지 않는 사람.

첫 만남부터 너무 솔직한 사람들이 있다. 묻지도 않았는데 자신의 가정사를 낱낱이 말한다거나, 자신이 어릴 때 힘들게 살았던 이유에 대해 가감 없이 얘기하는 사람들은 어느 정도 조심할 필요가 있다. 자신의 솔직함을 무기로, 나에게도 솔직함을 강요할 수 있기 때문이다. 그리고 이런 사람들은 굉장히 빠른 시일 내에 상대방과 가까워지고 싶어 한다. 그렇기에 '솔직함'이 최고의 방법이라 생각하는 것이다. 하지만, 이는 상대방에게 반드시 부담으로 다가오게 된다. 어느 정도 공감대가 형성되고, 친밀도가 형성됐을 때 상대에게 솔직하게 오픈해도 절대 늦지 않다.

8. 친해져도 말조심하는 사람.

친해졌다고 생각하는 순간부터 말이나 행동이 굉장히 편해지는 경우가 있다. 친구와 아는 사람의 경계를 스스로가 나누고, '친구'라는 공간에 들어왔다고 생각하면 무례한 행동이나 말도 스스럼없이 하는 경우. 말투가 갑자기 달라지거나, 행동이 과격해지는 경우도 있는데 이런 사람들은 분명 조심할 필요가 있다. 반면, 친해져도 상대방을 배려해주고, 오히려 친해졌을 때 더 조심하는 사람들은 진국일 확률이 높다. 친해진 상대방을 소중하게 대하고 여기려 노력하고 신경 쓰는 것이니까.

9. 내가 나일 수 있게 해주는 사람.

만났을 때 좌절감이나 박탈감이 느껴지는 사람들이 있다. 너무 잘났거나, 내가 가지지 못한 무언가를 계속해서 드러내는 경우. 물론, 이 사람들을 통해 갖게 되는 열등감이 우리의 성장 동력이 될 수 있지만, 많은 경우 부정적인 영향을 준다. 그렇기에 내가 온전히 나일 수 있는 사람을 만나는 게 건강한 관계 형성에 반드시 필요하다. 아무리 화려한 옷도 사이즈가 맞지 않으면 입을 수 없고, 아무리 예쁜 신발도 사이즈가 맞지 않으면 신을 수 없듯이.

자존감이 높은 사람과
자존심만 높은 사람의 차이점

1. 자존감이 높은 사람은 상대방을 존중할 줄 알지만,
   자존심만 높은 사람은 어떻게든 상대를 까 내린다.

주변에 자존감 높은 사람들을 보면, 몇 가지 공통점이
있는데 그 중 하나가 상대방을 존중한다는 것이다. 이들은
자신의 삶이 만족스럽고, 자신의 삶을 존중하기에 상대방의
삶도 자신의 삶처럼 존중해준다. 예를 들어, 누군가가 새로

운 도전을 한다고 했을 때, 자존감이 높은 사람들은 '와, 너라서 할 수 있는 도전인거 같아. 정말 잘 될 거야. 내가 지금까지 본 너는 무조건 해낼 수 있는 사람이야.'라며 상대방을 북돋아준다. 반면에 자존심만 높은 사람은 스스로의 인생이 별 볼 일 없고, 자신이 자신을 존중하지 못하기에 상대방을 존중하기는커녕 상대방을 까 내린다. 상대방이 무언가를 한다고 했을 때, '그게 되겠어?' '그냥 하던 거나 하지.'라며, 상대방의 의지를 꺾고 앞날에 재를 뿌리는 말이나 행동을 한다.

2. 자존감이 높은 사람은 비판을 겸허히 수용하지만, 자존심만 높은 사람은 상대를 적으로 간주한다.

자존감이 높은 사람은 이유 있는 비판을 겸허히 수용한다. 자신을 발전시킬 수 있는 가장 좋은 원동력이라고 생각하기 때문이다. 예를 들어, 강의를 했고, 누군가가 강의를 들으며, '말이 좀 빨라서 알아듣기가 힘들었습니다.'라고 얘기했다면 자존감 높은 사람들은 그 비판을 굉장히 적극적으로 수용한다. 그들은 '제가 몰랐던 부분을 그렇게 말씀해주셔서 감사합니다.'라며, 상대방에게 오히려 고마움을 표현한다. 반면 자존심만 높은 사람은 설령 자신에게 도움이 되는 비판이라도, 하는 사람을 적으로 간주한다. 잘 받아들이면 피가 되고 살이 되는 조언도 그들에게는 불편하다.

3. 자존감이 높은 사람은 배울 점을 찾고 성장하지만, 자존심만 높은 사람은 상대의 못난 점만 보고 위안 삼는다.

자존감이 높은 사람은 배울 점을 찾고 계속해서 성장하려 한다. 이들은 잘난 사람을 만나는 것을 두려워하지 않으며, 그들을 통해 자신이 발전할 수 있으면 그건 정말 의미 있는 시간이라 생각한다. 그렇기에 자신보다 더 뛰어나고, 생산적인 삶을 살고 있는 사람들과 대화를 나누며 새로운 사실을 공유하고 그로 인해 발전한다. 반면 자존심만 높은 사람은, 앞서 언급한 것처럼 상대방을 인정하지 않기에 배울 점보다는 깎아내릴 점을 찾는다. 예를 들어, 성공한 사람들을 봐도 '야, 딱 봐도 사기 쳐서 성공했네.' '원래 금수저였겠지.' 라고 말한다거나, 피나는 자기관리로 좋은 몸매를 갖고 있는 사람들을 봐도 '성형한 거 아니야?' '외모만 저렇게 가꾸면 인생 안 힘드나..'라는 식으로 쉽게 폄하한다. 하지만, 그러면 그럴수록 본인에게만 손해다.

4. 자존감이 높은 사람은 스스로에 대한 확신이 있지만, 자존심만 높은 사람은 스스로에 대한 확신이 없다.

자존감이 높은 사람은 스스로에 대한 확신이 있어, 남들의 의견을 잘 수용하되, 결국 중요한 결정은 자신이 한다. 이들은, 겉으로는 상대방의 의견을 굉장히 잘 따르고 의지하는 것 같아 보일 수 있다. 어떤 의견이든 경청하기 때문이다. 그러나 결국 중요한 결정에 있어서는 스스로에 대한 믿음이 명확하기에 결국 본인이 그 결정을 주도한다. 반면 자존심만 높은 사람들은 스스로에 대한 확신이 없기에 겉으로는 남들의 의견에 귀 기울이지 않고 자신의 인생을 사는 듯 보이지만, 속으로는 굉장히 많은 고민과 번뇌에 빠진다. '내가 이걸 하는 게 맞나?' '이게 옳은 건가?' 스스로에 대한 믿음이 부족하기에 계속해서 그런 고민들을 하며 정작 중요한 결정들을 놓치곤 한다.

5. 자존감이 높은 사람은 함께 있는 사람들을 편안하게 만들고 행복하게 해주지만, 자존심만 높은 사람은 불편하게 만들고 불쾌하게 한다.

자존감이 높은 사람들은 함께 하는 사람들에 대한 배려심이 기본적으로 깔려있기에 어떤 상황이든 상대방을 편하게 해준다. 대화를 할 때도 맞장구 쳐주고, 상대방에게 경청하며 상대방으로 하여금 '내가 이 사람에게 존중 받고 있구나.'라는 느낌을 주게 한다. 반면에 자존심만 높은 사람들은 상대방을 불편하게 하고 불쾌하게 한다. 스스로도 사랑하지 못하기에 상대방을 사랑할 여유도 없고, 이해할 여유도 없다. 어떤 대화에서든 자신을 어필하려고 안달이 나, 상대방의 대화를 끊거나, 핀잔을 주기도 한다. 그렇기에 자존심만 높은 사람 주변에는 사람들이 없어진다.

자존감과 자존심은 단어 하나 차이지만 이처럼 완벽하게 다르다. 건강한 자존감을 가진 사람과 많은 시간을 보내면 그만큼 삶이 긍정적으로 변화하지만 반대로 악에 받친 자존심만 남은 사람과 많은 시간을 보내면 그만큼 삶이 구렁텅이로 빠지게 된다. 행복한 삶의 가장 중요한 요소는 바로 아래와 같다. 좋은 것만 보고, 좋은 것만 먹고, 좋은 말만 하고 좋은 사람들만 만나는 것. 좋은 사람을 만나 행복한 시간을 보내며 서로를 존중하고 또 존중받자. 그로 인해 발전적인 가치관과 사고를 함양하자. 그런 사람들과 함께 한다면 지금보다 훨씬 가치 있는 삶을 살 수 있을 것이다.

절대 못 믿을 사람 유형

1. 말과 행동이 다른 사람.

　지금은 연락조차 안 하는 사람인데, 그 때 당시엔 꽤나 친했던 지인이 있었다. 하지만 멀어지게 된 이유는 바로 말과 행동이 달라서였다. 예를 들면, '너 생일 때 내가 이런 거 챙겨줄게.'라고 얘기하고, 생일 자체를 까먹는다거나, '난 너 120% 믿어.'라고 말 해놓고, 다른 사람들에게는 내가 못 미덥다고 얘기를 하는 경우였다. 이 외에도 말을 뱉은 것에 대해 지키지 않은 것들이 정말 많았고, 행동으로 옮기지 않은 것들도 꽤나 많았다. 계속해서 그렇게 말과 행동이 다르다보니 이 지인과 관계를 계속 이어갈 수 없다고 생각했고, 실제로도 많은 문제가 발생해서 자연스레 연락을 끊게 됐다. 말과 행동이 다른 사람들은 '달변가'형에 가깝다. 말은 굉장히 청산유수로 잘 하지만, 자신이 갖고 있는 말 재능에 비해 행동재능, 실천재능은 현저히 부족한 유형이다. 항상 말이 앞서 사람들에게 잔뜩 기대감을 갖게 해준 뒤, 그것을 실천하지 못하면서 상대에게 실망감만 안겨준다. 이럴 바에는 차라리 말을 하지 않는 게 아예 낫다.

2. 약속을 수시로 어기는 사람.

그런 친구들이 있다. 3시 약속인데 습관적으로 4시에 온다거나, 2시 반에 연락을 해서 '오늘 못 가겠다.'라고 문자나 전화를 남기는 경우. 미안하다는 말은 하지만 그게 정말 미안해서 그런 게 아닌 거 같은 경우. 약속을 수시로 어기는 사람은 나에 대한 배려나, 관심이 없는 사람일 확률이 높다. 만약 나에 대한 관심이 큰데 그런 행동을 하는 거면 그게 더 문제다. 관심이 큼에도 불구하고 약속을 수시로 어긴다는 것은 기본적인 자질이 부족하다는 증거니까. 그렇기에 이런 사람들이 주변에 있으면 그러려니 하거나, 그러려니 하지 못하면 관계를 정리하는 게 낫다. 내가 스트레스 받으면서까지 이런 사람들을 옆에 둘 필요는 없다.

3. 책임감이 없는 사람.

책임감이 없는 사람들은 어떤 일을 시작할 때 굉장히 의욕적이다. 하지만 그 의욕이나 열정이 결코 오래 가지 못한다. 무언가 프로젝트를 시작할 때 '재밌겠다!' '내가 이거 열심히 할게!'라고 말하지만, 시간이 가고 익숙해지면 자연스레 열정이 사그라들어, 본인이 할 몫도 제대로 하지 않는다. 이처럼 일을 시작할 땐 누구보다 적극적이지만, 열정이 사라지면 할 일도 제대로 하지 않는 사람들은 반드시 거리를 둘 필요가 있다. 감정에 지배당해 자신의 일과 맡은 몫에 대한 책임감을 내팽개친다면 그건 서로에게 좋지 않다.

4. 앞에서 남 욕 하는 사람.

많은 성공한 사람들이 삶의 신조로 삼는 말이 있다. '앞에서도 하지 못할 말은 뒤에서도 하지 마라.' 이처럼 뒷담화라는 것은 정말 달콤하지만, 또 그만큼 후폭풍을 많이 불러일으킨다. 그렇기에 누군가가 아무렇지 않게 내 앞에서 다른 제 3자의 욕을 한다면, 동조할 필요도 없을뿐더러 속으로 '다른 곳에 가서 내 욕도 할 가능성이 있는 사람이구나.' 생각하면 된다.

이런 4가지 유형의 사람들은 어느 정도 거리를 두고 대할 필요가 있다. 어떤 말이나 행동을 하더라도 100% 신뢰하거나, 큰 기대를 하면 나만 상처 받고 스트레스 받는다. 그러니 자연스레 흘러가듯 대해라. 그게 우리의 마음 건강에 가장 좋은 태도다.

성공을 위한 비결이 하나 있다.
그것은 상대방의 관점을 이해하고, 내 관점뿐 아니라
상대방의 관점에서 사물을 보는 능력이다.

『헨리 포드』

II

예전처럼
한 마디 한 마디에
상처받지 않는 이유

인간관계에서 반드시 버려야 할 5가지

1. 떠나버린 사람에 대한 미련.

떠나버린 사람에 대한 미련을 오래 간직하면, 나만 힘들어진다. 오래 연애하고 헤어진 전 연인, 15년 지기였지만 가치관과 성격 차이로 크게 다툰 후 연을 끊은 전 죽마고우 등. 이런 사람들에 대한 미련을 계속해서 갖고 있으면 나만 힘들어진다. 이미 끊은 인연을 억지로 붙이려한다고 제대로 붙여질 리가 없다. 관계는 유리창과 같아서, 한 번 크게 깨지면 다시 붙인다 해도 그 강도가 현저히 약해진다. 그렇기에 그런 미련을 가지며 이미 지나간 사람을 그리워하고 아파하는 것보다, 현재 나에게 와있는 사람들에 대한 감사함을 갖고, 그 인연들에 최선을 다하자.

2. 잡지 못한 기회에 대한 아픔.

'그 때 그 사람을 만났어야 했는데.' '그 때 그랬어야 됐는데.'라는 건, 비단 성공이나 인생뿐만 아니라, 인간관계에도 적용된다. 만나지 못했던 사람, 좋은 인연으로 발전하지 못했던 사람에 대한 아픔과 아쉬움을 계속해서 유지할 필요가 없다. 그 아쉬움을 계속해서 간직해봤자 내 정신건강에 하나도 도움 되지 않는다. 그러니 잡지 못한 인연들과 기회들에 대해서는 굳이 미련 갖거나 신경 쓰지 말자.

3. 미래 관계에 대한 걱정.

상대방과 정말 좋은 관계를 유지하면서도 마음 한 편으로는 불안감을 가지고 사는 사람들이 있다. 그 불안감의 원천은 '이 사람이 날 떠나면 어떡하지?' '지금은 좋은데 나중에 갈등이 생기면 어떡하지?'라는 마음인데, 이런 마음가짐은 스스로를 좀 먹을 수밖에 없다. 마치 비행기를 타기 전에 '만약 추락하면 어떡하지?'라고 걱정하거나, 버스를 타며 '만약 차사고가 나면 어떡하지?'라며 불안에 떠는 것과 같다. 아직 일어나지 않은 미래를 굳이 상상하며 스스로를 힘들게 하는 것보다 지금 내 옆에 있는 사람에게 집중하고, 내 마음을 온전히 거기에 쏟는 태도가 필요하다.

4. 습관적인 비교.

세상 도처에 나보다 잘 나고 멋진 사람은 당연히 많을 수밖에 없다. 이런 사람들과 나를 습관적으로 비교하며 '나는 저 사람보다 못 났어..' 라며 자책하고 스스로를 비난하면 당연히 내 인간관계도 좁아지고 문제가 생길 수밖에 없다. 어떤 사람을 만나든 계속해서 비교하게 되고, 그 불편한 비교를 상대방도 당연히 인지하기 때문이다. 이런 관계는 결코 오래 지속될 수 없다.

5. 상대방이 나에게 무언가를 해줄 거라는 기대감.

내가 해준 만큼 상대에게 무언가를 바라면 나만 힘들다. 일일이 상대에게 줬던 감정이나 물질의 양은 계산할 수도 없는 것이기 때문이다. 애초에 무언가를 해줄 땐 기대감을 갖지 않는 게 좋다. '내가 너 힘들 때 위로해줬으니, 너도 나에게 무료 위로권 1장을 줘.' '내가 저번에 8000원짜리 우동 샀으니, 넌 오늘 6000원짜리 제육볶음에 2000원 고기 추가해줘.'라고 하는 것도 굉장히 지질하다. 그렇기에 이런 기대감 없고 부담 없이 서로가 서로에게 해줄 수 있는 최선을 한다면 그 관계는 오래 유지될 수밖에 없다.

8

눈치 좋은 사람의 6가지 공통점

1. 상황에 잘 대처한다.

어떤 당황스런 상황이나, 예상치 못한 상황에서도 이들은 잘 대처한다. 예를 들어, 오랜만에 만난 친구가 여자 친구를 데리고 나왔는데, 그 여자 친구가 자신이 알던 친구와 오래 사귄 여자 친구가 아닐 경우. 당황하는 표정이나, 자신도 모르게 '어? 새로 만나는 분이야?'라고 말하지 않고, '안녕하세요. 00 여자친구분이시죠?'라며, 상황을 빨리 파악한다. 이들은 당황스런 상황이나, 불편한 분위기를 그 누구보다 싫어하기에 어떤 상황이든 빨리 파악하고 자신이 컨트롤할 수 있는 환경을 만드는데 익숙하다.

2. 상대방 감정을 잘 읽는다.

눈치가 좋은 사람들은 상대방의 감정을 귀신같이 읽는다. 만약 상대가 기분이 안 좋아 보이면, 굳이 먼저 말을 걸지 않고 자신의 할 일을 열심히 한다. 어차피 기분은 일시적인 거라 풀리기 마련이고, 또 기분이 안 좋을 때 말을 계속해서 거는 게 얼마나 짜증나는 일인지 잘 알고 있기 때문이다. 상대방의 대화 방식이나, 표정으로도 그 사람이 어떤 생각을 하고, 또 지금 어떤 감정을 갖고 있는지 재빠르게 캐치한다.

3. 공감 능력이 좋다.

눈치가 좋은 사람들은 기본적으로 공감 능력이 좋다. 눈치가 좋다라는 사실 자체가 상대방을 잘 이해하고, 어떻게 대할지를 고려하는 것이기에 사고보다는 감정의 영역에 가깝다. 일례로 주변에 굉장히 눈치가 빠른 친구가 있었는데, 내가 어떤 대화를 하면, 듣고 싶어 하는 답만 해준 적이 있다. '머리를 기를까?'라고 물을 때면, 보통 사람들은 '아니, 그냥 짧은 머리가 어울려.'라고 할 텐데, '머리를 기를까?'라는 질문 자체에 '머리 기르고 싶어.'라는 답이 내재되어있다는 것을 알고, '머리 길러도 잘 어울릴 거 같은데? 나는 요즘 장발 남자들이 좋더라.'라는 식으로 빠른 눈치를, 상대방과 공감을 맞추는데 사용했었다. 이처럼 눈치가 좋은 사람들은 탁월한 공감 능력으로 상대와 훨씬 더 나은 관계를 만들어간다.

4. 모르는 척이 수준급이다.

눈치가 빠른 사람들이 오히려 모르는 척을 잘 한다. 이들은 어떤 걸 물어봤을 때, 얘기하기가 좀 어려운 문제라면, '잘 모르겠는데?'라는 식으로 답을 회피한다. 그 답을 말해봤자 자신에게 득이 될 게 하나도 없다는 걸 잘 알기 때문이다. 그렇기에 이들은 '바보'소리를 듣더라도 자신에게 득이 되지 않는 분야에 대한 언급을 자제한다.

5. 배려심이 좋다.

이들은 배려심이 너무 좋다. 공감 능력도 좋고, 상대의 감정을 잘 읽으며, 상황에도 잘 대처하기 때문에 기본적으로 배려심과 이타심을 탑재한 경우다. 항상 나보다 상대방의 기준에서 생각하고, 상대방을 우선으로 맞춘다. 상대가 불편하지 않았으면 하는 예쁜 마음으로 사람을 대한다.

6. 다투기보다 양보를 먼저 한다.

이들은 양보보다 다투는 것이 서로의 관계에 더 마이너스가 된다는 걸 잘 안다. 답이 없는 문제로 오래 다투면 서로에게 아무 것도 남는 게 없다. 그렇기에 서로에게 마이너스가 되는 상황을 만들지 않기 위해 자신의 자존심을 내려놓고 상대방에게 양보하거나 일부러 진다.

눈치가 좋은 사람들은 어쩌면 가장 배려심이 좋은 사람

들이다. 이들은 상황이나 상대방의 감정 때문에 자신의 기분을 숨길 때가 많다. 그래서 눈치가 정말 좋은 사람들은 눈치가 없는 척을 하기도 하는데, 그 이유는 괜히 나섰다가 상처받기도 하고 종종 알고 싶지 않은 걸 알게 되면 자신만 힘들어지기 때문이다. 이런 이들에겐 중심이 필요하다. 상황이나 타인의 눈치만 보다보면 자신의 감정을 드러내는 법도 어렵게 느껴지고 자꾸 숨기게 된다. 해결하기 위한 방법은 그렇게 어렵지 않다. 다른 사람들의 눈치를 봤던 것처럼 자기 자신의 눈치도 보는 것이다. 당신이 평생 다른 사람을 살폈던 것처럼 이제는 당신 스스로도 챙겼으면 한다. 당신은 자신에게도 눈치 좋은 사람이었는가.

1살이라도 빨리 깨달으면
10년을 바꿀 수 있는 관계 레전드 조언

1. 첫인상보다 끝인상이 중요하다.
   어떤 경우든 마무리는 깔끔하게 해라.

예전 회사에서 있었던 일이다. 나보다 3달 정도 늦게 입사한 직원이었는데 워낙 싹싹하고 일을 열심히 해서 회사 모든 사람들이 그 직원을 좋아했다. 그런데 그렇게 반년 정도 지났을까. 갑자기 그 직원이 일하는 강도나 사람들을 대하는 태도가 눈에 띄게 달라졌다. 인사도 제대로 하지 않았고 심지어 업무 시간인데도 불구하고 개인 업무를 보거나 밖에 나가 많은 시간을 보냈다. 알고 보니 더 좋은 조건의 다른 회사에 면접을 보고 붙었던 것. 더 이상 우리 회사 사람들에게 잘 보일 이유가 없다고 생각했는지, 그렇게 행동했던 것이다. 너무 깔끔한 첫인상과 달리 끝인상이 상당히 별로였고 회사 모든 사람들은 그 직원이 나갈 때 안 좋은 소리만 했던 기억이 있다. 이처럼 첫인상보다 중요한 건 끝인상이다. 사람들은 그 사람의 마지막 행동만 기억한다. 반대의 경우도 있다. 입사할 때는 그렇게 좋은 소리를 못 들었던 직원인데, 그 직원은 부서를 옮기며 전 부서 사람들에게 일일이 작은 선물과 손편지를 줬다. 편지에는 대부분 아쉬웠던 내용보다 감사했고 고마웠다는 내용이 주를 이뤘고, 당연히 이 작은 선물과 손편지를 받은 전 부서 사람들은 이 직원을 좋게 기억할 수밖에 없었다. 이처럼 어떤 경우에서든 마무리는 굉장히 중요하다. 많은 사람들이 간과하고 있는 끝인상. 비록 상대방에게 아쉬운 점이 많다하더라도, 그걸 굳이 표출하면서 관계를 끝낼 필요는 없다. 오히려 대인배 같은 면모로 넘어간다면, 상대방도 당신을 좋은 기억으로 남길 것이다.

2. 남 뒷다리 잡는 사람 되지 마라.

삼성 이건희 회장의 명언이다. '바뀔 사람은 바뀌고 크게 기여할 사람은 크게 기여하고, 적게 기여할 사람은 적게 기여해라. 허나, 남 뒷다리 잡는 사람은 되지 마라. 발전하고 성장하려는 사람들을 자기 수준으로 끌어내리지 마라.' 만나면 서로에게 발전적이고 긍정적인 영향을 주며 함께 성장하는 사람이 있는 반면, '왜 이렇게 불편하지?'라고 느껴지는 사람들이 있다. 어떤 도전이나 시도를 한다고 하면 박수쳐주지는 못할망정, '그게 되겠어?' '야, 그냥 생긴 대로 살아.'라며 아무렇지 않게 상대방을 폄하하고 비하하는 사람들. 그렇게 남의 뒷다리를 잡는 사람들은 반드시 어떤 관계에서든 배척되게 되어있다. 그러니 어떤 경우든 남의 뒷다리는 잡지 말자.

3. 사람을 만났을 때 최소한의 책임감은 갖자.

예전 친구 중에 '소개팅공장'이라는 별명을 가진 친구가 있었다. 그 친구는 소개팅을 굉장히 많이 받았었는데, 만약 소개팅에 나온 상대가 마음에 안 들면 그 사람이 자리에 앉자마자 '죄송한데, 급한 일이 생겨서 가봐야겠어요.'라며 자리를 떴다. 상대방이 그 소개팅을 위해 달려왔던 시간과 노력은 생각지도 않고, 철저히 본인만을 생각했던 것이다. 그 친구에게 왜 그랬냐고 물어보면, '그냥, 맘에 안 들어서.'라는 답이 돌아왔다. '사진이랑 그렇게 달랐어?'라고 반문하면 '그냥 비슷한데 크게 느낌이 안 오더라. 그러면 피차 시간 낭비할 필요 없잖아?'라고 받아쳤다. 당연히 이 친구에 대한 소문은 안 좋게 날 수 밖에 없었고, 나중에는 그렇게 많이 오던 소개팅도 끊겼다. 이런 사람들은 비단 소개팅뿐만 아니라, 어떤 인간관계든 이런 태도들을 견지한다. 자신에게 도움이 안 된다 싶으면 그냥 한 순간에 무 자르듯 잘라내 버리는 것이다. 그러나 적어도 사람을 만날 때는 최소한의 책임감은 있어야 한다. 내가 별 느낌이 안 온다고, 크게 도움이 안 된다고 그 사람이 나에게 했던 노력과, 썼던 비용과 시간을 철저하게 짓밟으면 그 역풍은 반드시 내게 돌아온다. 그러니 사람을 만났을 때는 최소한의 책임감은 갖자.

4. 누구에게나 배울 점은 있다고 생각하자.

생각해보면 누구에게나 배울 점은 있다. '와, 어떻게 사람이 저럴 수가 있지?'라고 느껴졌던 직장 상사도, '말을 왜 저렇게 싸가지 없게 하지?'라며 화가 났던 개념 없는 친구도 결국 '나는 절대 그러지 말아야겠다.'라는 교훈을 주기 때문이다. 이처럼, 단점만 갖고 있는 사람들에게서도 어떤 것이든 배울 수 있다. 만약 내가 불가피한 상황으로 내 기준에서 절대 배울 점 없는 사람들을 만나고 있다면, 이렇게 생각하자. '내가 살아가며 절대 하지 말아야 할 말과 행동을 이 사람을 통해 배우는구나.'라고. 그렇게 생각하면 불가피하게 만나야 하는 스트레스 상황에서도 훨씬 더 담담해질 수 있다. '

왜 저러지?'라는 건 이해하려고 노력한다는 것인데, 굳이 그런 사람들을 이해하려고 노력하는데 내 소중한 에너지를 쓸 필요가 없다. 명심하자. '나는 절대 그러지 않아야겠다.'라는 태도만 견지한 채, 분위기만 맞춰주면 된다.

5. 칭찬은 길게 하고, 지적은 짧게 하자.

어떤 경우든 칭찬은 상대방을 춤추게 하고, 지적은 상대방을 시무룩하게 한다. 때로는 지적으로 서로의 관계가 나빠지거나 돌이킬 수 없는 상황까지 가기도 한다. 만약 상대방이 크게 마음에 안 든다면, 칭찬을 하면서 그 부분을 센스 있게 짚어주면 어떨까. 예를 들면 말을 너무 많이 하는 상대에게 그 부분에 대한 아쉬움을 얘기하려 할 때 이런 식으로 하는 것이다.

'난 너랑 있으면 진짜 편하고 좋거든. 너가 너무 배려해주고 존중해주는 게 정말 잘 느껴져. 그래서 내가 목 아플까봐 말 안 시키는 거지?' 이런 식으로 센스 있게 말이다.

아무리 자존감이 높고, 스스로에 대한 자기 확신이 넘치는 사람이라도 지적을 당하는 것을 좋아하는 사람은 없다. 본인은 '이유 있는 비판은 언제든지 환영이다.'라고 말을 한다 하더라도, 칭찬을 받았을 때 훨씬 더 기뻐한다. 그러니 상대방과 좋은 관계를 유지하고 싶다면, 되도록 칭찬을 길게 하고 지적을 짧게 하자.

6. 참을 인 자 3번이면 호구된다.

무언가를 할 때 다 참아주고 배려해주면 나만 호구된다. '이번에는 괜찮겠지, 이번에는 안 하겠지.'라고 스스로가 계속 상대방의 무례를 받아주고 참으면 나만 힘들고 아프다. 가장 중요한 건 정작 그 상대는 내가 배려해주고 참는 것을 절대 인지하지 못한다. 무례를 저지르는 사람들은 그 무례를 당연하게 생각하고, 상대가 가만히 있으면 그게 괜찮은 줄 알고 습관적으로 더 큰 무례를 저지른다. 그러니 절대 그런 상황에서 참거나 가만히 있지 말자. 내가 강하게 반응했을 때, '그 정도도 이해 못해줘?'라고 도리어 섭섭함을 표출하는 사람이면 마음속에서 그 사람을 지우면 된다. 자신이 나에게 했던 무례의 1/10만 돌려줘도 불같이 화를 낼 사람들이다.

7. 완벽하게 보이려 애쓸 필요 없다.
내가 불완전하다는 걸 인정하는 순간 인생은 놀랍도록 달라진다.

　　인간관계에서 완벽하게 보이려 애쓸 필요 없다. 예전에 나도 누군가에게 항상 100% 완벽해야 한다는 강박이 있었다. 흐트러짐 없는 자세를 유지하려 애썼고, 상대방에게도 그런 것들을 바랐다. 그러나 내가 계속해서 그런 태도를 보이려하니, 주변의 사람들이 점점 나를 피하기 시작했다. 내가 잘못한 건 없었다. 다만, 같이 있을 때 불편했던 것이다. 실수 효과라는 용어가 있다. 이는, 오히려 완벽하게 보이는 사람들이 실수를 했을 때 사람들이 훨씬 더 호감을 가진다는 뜻이다. 최근 '허당미' '빙구미'같은 용어들이 속출하게 된 것도 이와 궤를 같이 한다. 완벽하고 깔끔하고 시크해 보이는 사람이, 전혀 그렇지 않은 반전미를 보여줄 때 사람들은 오히려 마음을 활짝 연다. 그러니 완벽하려 노력하기보다, 있는 그대로의 내 모습을 보여주고 그 모습을 좋아해주는 사람들과 편안한 관계를 유지하고 만들어가자.

모든 대화가 기회가 될 수 있다는 사실을 인식하라.

『제프 메셀』

무례한 사람 98%가 습관적으로 사용한다는 말투

1. 난 뒤에서 딴 말 안 해.

　　무례한 사람들이 자신의 무례함을 정당화하기 위해 가장 많이 쓰는 말투기도 하다. '난 뒤에서 딴 말 안 해.'라고 말하며, 상처 주는 말들을 스스럼없이 내뱉는다. 상대방을 배려하지 않는 이런 말투는 관계의 갈등을 야기할 수밖에 없다. 둘 중에 뭐가 낫냐고 한다면, 차라리 뒤에서 딴 말하고 앞에서는 예의바르고 상대방을 존중하는 태도가 낫다. 굳이 앞에서 면박을 주고, 솔직하다는 걸 방패삼아 경우 없는 무례를 저지르는 사람들은 마음속에서 멀리할 필요가 있다. 그리고 놀라운 사실은, 이렇게 앞에서 '뒤에서 딴 말 안 해. 난 솔직하게 다 얘기하는 편이야.'라고 말하는 사람들이 뒤에 가서도 딴 말을 한다는 사실이다. 되려, '음, 내가 생각해봤는데, 이런 부분을 좀 개선시키면 어떨까?'라고 조심스레 피드백을 주는 사람들이 뒤에 가서 딴 말을 하지 않는다. 상대방에 대한 조심성과 배려가 기본 탑재되어 있는 사람들이기 때문이다. 그렇기에 습관적으로 이런 말투를 쓰는 사람이 주변에 있으면 그냥 그러려니 하고 한 귀로 듣고 한 귀로 흘려라. 굳이 감정 노동하고 스트레스 받으면서 만날 필요도, 가치도 없는 사람들이다.

2. 다 널 생각해서 하는 말이야.

예전에 항상 내가 뭔가를 한다고 했을 때 '다 널 생각해서 하는 말인데..'라며 운을 띄우고 그 일을 내가 왜 할 수 없는지에 대한 설명을 자세히 하던 친구가 있었다. 근데 정작 그 친구의 인생은 별 볼 없었고, 보잘 것 없었다. 정말 나를 생각해서 하는 말인지, 아니면 본인이 부족해서 거기에 대한 열등감을 어떻게든 드러내기 싫어 그렇게 얘기한 건지는 잘 모르겠지만 항상 그런 식으로 말을 시작했던 기억이 있다. 그런데 이 '다 널 생각해서 하는 말이다.'라는 말 자체가 성립이 안되는 게, 진짜 생각하면 이런 얘기를 하지 않고, 내가 하는 무언가에 실질적인 도움을 주거나 시간을 내서 컨설팅을 해줬을 것이다. 즉, 자신의 감정적 노력과 물질적 노력을 쏟지도 않고, '널 생각한다.'라는 말을 한다는 것은 거짓말이다. 진짜 생각했으면 어떻게든 도와줬을 것이다. 그러니 이런 말로 상대를 챙겨주는 척하며, 나의 도전을 막고, 내 앞길에 어떻게든 허들을 설치하려는 사람들은 멀리할 필요가 있다. 이런 말을 들으면, '괜찮아. 내 인생은 내가 생각할게. 마음속으로만 응원해줘.'라고 한 마디해주면 좋다.

3. 야, 그거 내가 해봤는데 안 돼.

1,753개의 취미를 갖고 있는 사람이 있다. 짧은 인생을 살며 어떻게 1,753개의 취미를 가질 수 있었을까? 그냥 생각으로만 갖고 있는 것이다. 뉴스 기사 지나가는 거 하나 훑고, 눈동냥으로 본 걸 자신이 한 거라고 믿는다. 기타줄 한 번 튕겨놓고, 기타를 제대로 배우고 쳐봤다고 하거나, 러닝 클럽 가입만 해놓고, 자신이 러닝 전문가인척 하는 사람들이다. 이 사람들은 본인도 정작 제대로 해보지 않아놓고 상대방이 어떤 걸 한다고 했을 때 눈동냥, 귀동냥했던 것들을 토대로 어떻게든 재를 뿌린다. '야, 그거 내가 해봤는데...' '야, 그거 주변 지인이 하던데...' 그리고 이런 말투를 쓰는 사람들의 말미에는 항상 이런 결말이 나온다. '그거 안 돼.. 힘들어.. 하지 마..' 주변에 주식으로 굉장히 많은 돈을 버는 지인이 있다. 꾸준히 열심히 공부하며 계속해서 주식으로 자신의 자산을 불린다. 지금은 아무도 그 지인에게 주식으로 뭐라 하지 못하지만, 그 지인이 처음 주식을 시작했을 때만 하

더라도 주변에 자칭 전문가들이 굉장히 많았다고 한다. 어떤 종목에 투자하려고 하면, '야, 그거 곧 떨어질 거야.' '그거 말고 이거 사.'라고 말한다거나, '주식 왜 하게? 내 주변에 주식으로 집문서도 잃은 사람 있어. 위험해 하지 마. 나도 해봤는데..'라며, 알량한 지식으로 위해주는 척 생각해주는 척 하는 사람들이 굉장히 많았다고 한다. 그 때를 회상하며, '그 때 그 사람들의 말을 들었다면 지금의 나도 없었을 것이다. 진짜 하는 사람들은 어쭙잖은 충고나 조언을 하지 않는다. 그리고 지금 나는 그런 사람들과 다양한 정보들을 공유하며 계속해서 발전해나가고 있다.'라고 말했다. 그렇기에 무언가를 시작할 때 제대로 해보지도 않아놓고, 증명하지도 못하면서 어떻게든 말로 비비려하는 사람들을 반드시 조심해라. 옆에 둬봤자 하등 도움 되지 않는 존재들이다.

4. 너랑 안 어울리는 게 그게 되겠어?

무언가를 한다고 했을 때 '야 그거 너랑 안 어울려.' '너 이미지랑 정반대야.'라고 나의 새로운 시도나 도전을 방해하는 사람들이 있다. 예를 들어, 내가 단발을 하고 싶다는데 '그냥 너는 생머리가 예뻐. 굳이 단발 자르지 마. 후회해.'라고 한다거나, 크로스핏을 시작한다고 하는데 '너 이미지랑 크로스핏이랑은 좀 안 맞는데? 그거 하다가 다치고 나중에 아플 수도 있어. 하지 마.' 라며, 내가 더 잘 아는 내 이미지를 본인이 전문가인 척 말로 컨설팅 해주려 한다. 하지만 굳이 이런 사람들의 말이나 행동에 상처받거나 '내가 진짜 그런 이미지인가?'라며 걱정하지 않아도 된다. 그 사람의 가벼운 말이나 행동으로 내가 진짜 하고 싶은 것들, 그로 인해 인생이 어쩌면 달라질 수도 있는 기회를 놓치는 것만큼 어리석은 행동은 없다.

타인이 무언가를 한다고 했을 때 응원해주지는 못할망정 매순간 초를 치고, 재를 뿌리는데 인생의 모든 에너지를 사용하는 사람들은 자신의 인생이 별 볼 일 없기에 남들의 인생을 어떻게든 자기의 수준으로 끄집어 내리려한다. 이들은 상대가 더 나은 삶을 살기 위해 노력하면 겉으로는 위해 주는 척하지만 속으로는 두려워한다. 무례한 사람들은 겉으로는 더 없이 당당해보이지만 속으로는 한없이 약하고 스스로에 대한 확신이 없기에 결국 자신에 대한 분노를 상대방에게 드러내는 것이다. 그러니 이런 무례한 사람들의 말 한 마디, 행동 하나에 신경 쓰고 일희일비할 필요가 1도 없다. 결국 누가 뭐라고 하든 나만 잘 살면 된다. 눈에 보이는 성과로 확실하게 증명해서 무례한 사람들과 인생 격차를 5G로 벌리자. 그게 무례한 사람들을 압도하고 그들을 침묵하게 만들 수 있는 가장 좋은 방법이다.

잘 배운 사람이
인간관계 빌런을 참교육 하는 방법

1. 무례한 말을 들었을 때 딱 5초 눈을 쳐다본다.

예전에는 인간관계 빌런에게 굉장히 많은 상처를 받았다. 그 사람들이 하는 무례한 행동과 말을 곧이곧대로 흡수했고 그러다보니 스스로가 많이 힘들어졌었다. '야, 너 그렇게 살아서 뭐 될래?' '야, 너 정신 좀 차려라. 너 나이가 몇인데.' '요즘도 계속 그렇게 사냐?' 이런 말들이 날카롭게 내 가슴을 후벼 팠고, 내가 많이 못난 건가라며 자책도 했었다. 하지만 이제는 그런 사람들에게 그런 말을 들었을 때 결코 상처 받지 않는다. 그냥 시선을 피하지 않고 딱 5초 정도 눈을 빤히 쳐다본다. tv를 보다, 연예인 김숙의 놀라운 대처법에 깜짝 놀란 적이 있다. 방송을 하며, 김숙은 '남자같이 생겼다.'라는 무례한 패널의 농담 아닌 농담에, 그 사람을 지그시 바라보며, '어? 상처 주네.'라고 감정 없이 한 마디 내뱉었고 이윽고 그 무례한 농담을 한 패널은 김숙에게 진심으로 사과를 했었다. 그처럼, 인간관계 빌런들에게는 무례함의 정도를 눈빛으로 나타내야 한다. 그렇게 굳은 표정으로 눈을 응시하면 빌런은 스스로 찔려서 말과 행동을 돌이켜보게 된다.

2. 20초 이상 생각하고 있지 마라.
허구 30%, 과장 30%, 무례한 말 40%다.
굳이 곱씹을 필요 없다.

인간관계 빌런들의 말을 굳이 집에 가서까지 곱씹고 생각할 필요가 없다. 그들은 어떻게든 관심을 받고 싶어 허구와 과장을 밥 먹듯 하고, 상대방을 상처 입힐 궁리만 한다. 이들의 인생 가장 큰 행복이자 관심사는 자신의 말로 인해 상대방이 불안해하고 상처받는 것을 눈으로 확인하는 것이다. 그렇기에 이런 사람들에게 굳이 관심을 줄 필요도 없고, 감정을 소모할 필요도 없다. 잘 배운 사람들은 자기 자신에 대한 확신이 있기에, 이런 질 낮은 사람들과의 논쟁도, 감정 싸움도 굳이 하지 않는다. 보는 관점이 다르고, 생각의 크기가 다르기 때문이다. 그렇기에 행여나 이런 빌런들을 만난다면 이들이 여러분들에게 준 상처에 대해 진지하게 곱씹을 필요 없다. 그 무례를 곧이곧대로 받아들이면 더 신나서 날 뛸 테니 굳이 먹이를 줄 필요가 없다.

3. 선을 넘었다 싶으면 5초 안에 짚어줘라.

빌런들은 눈치를 나름대로 잘 본다. 그래서 이 사람이 '상처 줄 만하다, 무시할 만하다. 놀릴 만하다.'라고 확신이 드는 순간부터 집중 포화에 들어간다. 그렇기에 이런 사람들이 선을 넘기 전에 반드시 짚어주는 태도가 필요하다. 최근 동아리 활동을 하며, 사람들과 그 안에 많이 친해졌다. 그리고 그러다보니 한 번씩 번개로 모임을 가졌는데, 주말에 일정이 많다보니 꾸준히 동아리를 나가지 못했고 번개로 모임을 가진 자리에 갔을 때 동아리원들은 나에게 대부분 '많이 바쁘지? 그래도 시간 내서 얼굴이라도 보자.'라며 귀여운 아쉬움을 표했다. 그런데, 단 한 명이 나에게 '어딜 그렇게 싸돌아다녀?'라는 식으로 말을 했고, 분위기가 순식간 싸해졌다. 그 때 나는 그 사람에게 즉시 '싸돌아다닌다는 표현이 어떤 의미야?'라고 되물었고, 그 사람은 말 한 마디 하지 못한 채 자신의 실언을 인정했는지 고개를 수그렸다. 이처럼, 인간관계 빌런에게는 '당신은 지금 선을 확실히 넘었습니다.'라고 짚어줘야 한다. 이들은 꽤나 영악해 어디까지 선을 넘어도 될지 머릿속으로 계속해서 계산한다. 그렇기에 즉시 짚어서 조건반사를 만들어야 한다. 무례한 사람에게 당신의 소중한 감정과 에너지를 낭비하지 마라. 이런 사람들

에게는 무안함을 주더라도 확실하게 잘못됐다는 점을 인지

시킬 필요가 있다.

예전처럼 한 마디 한 마디에 상처받지 않는 이유

1. 상처 받으면 나만 손해일 뿐
   상대방의 태도엔 어떤 변화도 없다.

'나한테 어떻게 그렇게 얘기할 수 있어?'라는 말이 절로 나올 만큼 말을 굉장히 기분 나쁘게 하는 사람들이 있다. 예전에는 이런 사람들의 말 한 마디 한 마디에 많은 상처를 받았지만, 이제는 전혀 받지 않는다. 내가 상처를 받아도 그 사람이 전혀 미안해하지 않는다는 것을 잘 알게 되었기 때문이다. 그렇기에 그냥 상대방의 무례한 말에는 감정을 담지 않고, 나도 같은 무례를 보여주거나, '지금 너 선 넘고 있어.'라는 표현을 자연스레 하는 게 가장 좋다. 잊지 말자. 내가 상처를 받는다 해서 상처를 준 사람들은 결코 미안해하거나 죄책감을 느끼지 않는다. 잘 모르고 상처를 줄 수도 있지만, 상처를 주는 사람들의 대부분은 상대방에 대한 배려가 부족하고, 그 배려심을 키울 생각조차 하지 않는 경우가 대부분이기 때문이다.

2. 한 마디 한 마디 곱씹다보면 확대해석만 하게 된다.

상대방의 무례한 말 한 마디를 곱씹고 계속해서 되뇌며 '내가 진짜 그런가?'라며 자기비하를 했던 적이 다들 있을 것이다. 한 마디 한 마디에 이렇게 감정을 담고, 일일이 반응하고 해결하려고 하면 문제가 계속해서 커질 수밖에 없다. '쟤가 왜 이렇게 얘기하는 거지?' '어떤 의도로 저런 말을 하는 걸까?' 정작 상대방은 아무 생각 없이 한 말을, 나 혼자 확대해석하고 큰 의미로 받아들이면 나만 힘들다. 그리고 그게 심해지면, 어떤 말을 들어도 피해의식으로 확대될 수 있다. '뭐지? 나 무시하는 건가?' '왜 저런 말을 이 상황에서 굳이? 내가 그렇게 만만한가?' 상대의 말 한 마디에 큰 의미를 두지 말자. 건강한 마음을 지키기 위해 가장 필요한 방법이다.

3. 스트레스가 쌓이면 건강도 해치고 되는 일도 안 된다.

불편한 말 한 마디를 계속해서 머릿속에 갖고 있으면 되는 일도 안 될뿐더러 건강도 해친다. 누군가의 말 한 마디 때문에 밤잠을 이루지 못하는 경우도 있다. 이 때, 물론 그런 무례한 말을 한 사람의 잘못도 있지만 결국 그 말을 받아들인 것은 나의 문제다. 그렇기에 그냥 지나가는 한 마디, 스쳐가는 한 마디에 괜히 내가 스트레스 받고 괴로워할 필요가 없다. 스트레스가 계속 쌓이면 건강도 해치고 되는 일도 안 된다. 그래놓고 나중에 그 사람에게, '너가 그 때 그런 말을 해서 내 인생이 이렇게 되는 일이 없게 됐어.'라고 하는 것도 말이 안 되니까. 결국 내가 어떻게 받아들이느냐의 문제인 것이다. 덮어둘 수 있는 것은 편하게 수면 밑으로 덮어두고 내 인생 잘 살자. 그게 가장 편하게 인생을 살아갈 수 있는 해결책이다.

4. 일이 잘 풀리다보면 이 모든 것도 아무렇지 않게 느껴진다.

일이 잘 되면 모든 게 아무렇지 않다. 그런 말 한 마디 한 마디에 신경 쓸 여유도 없고, 내 일 하기에도 부족한 시간이다. 내가 정말 좋아하는 '명심해라. 자신의 인생이 별 볼 일 없으면 남 사는 얘기로 많은 시간을 보낸다.'라는 명언이 있다, 정말 맞는 말이다. 그렇기에 사소한 말 한 마디에 신경 쓸 시간에 어떻게 하면 내가 하는 일에 집중할 수 있을지, 더 잘 할 수 있을지를 고민하고 생각하자. 상처가 깊고 누적되다 보면 언젠간 반드시 터지기 마련이다. 만약 여러분이 예민한 성격이라 하더라도 반드시 의도적인 연습을 통해 바꿔나가야 한다. 1분 1초도 머릿속에 담고 있을 필요 없다. 그 말들은 모여서 여러분을 갉아먹을 뿐이다.

"

나는 사람들의 험담을 하지 않습니다.
그리고 모든 사람에게
내가 알고 있는 좋은 점만 이야기합니다.

『벤저민 프랭클린』

"

III

잘 배운 사람들이
인간관계에서
철저히 지키는 것들

13

모두와 잘 지낼 필요는 없다

예전에 TVN에서 방영한 프로그램 '일로 만난 사이'를 보며 굉장히 감명 받은 적이 있다. 이 프로그램에서 인상 깊은 장면은 바로 장성규와 유재석이 대화를 하는 순간이었다. 그 때 당시 장성규는 악플로 굉장한 마음고생을 하고 있었고 그런 장성규에게 유재석은 '사실 나도 그런적이 있었다.'라고 털어놨다. 장성규는 이내 '누가 저를 욕하면 무서워요.'라고 했고, 유재석은 '그걸 이겨내야 돼. 그래야 성장해.'라고 답했다. 담담하게 말하는 듯 했지만, 많은 아픔과 고난이 그 말 한 마디에 드러났다. 형님도 이런 부분에 대해 답을 못 찾고 힘들어할 때가 있었냐는 장성규의 연이은 질문에, 유재석은 '자연스러운 과정이야. 누구나 겪는.'이라고 대답했다.

누구나 모든 사람을 만족시킨다는 건 말도 안 되는 것임을 너무나도 잘 알면서, 모든 사람에게 사랑 받기 위해 애쓴다. 그리고 어느 한 명이라도 자신을 좋아하지 않거나 욕을 하면 크게 상처 받고 아파하는 경우가 많다. 장성규도, 유재석도 그런 사람 중 한 명이었을 것이다. 하지만 그들은 지금 그런 과정을 좋은 방향으로 극복했고 많은 사람들에게 좋은 에너지를 주고 있다. 유재석은 방송에서 다시 한 번 더 인상 깊은 말을 남겼다.

'내 스타일이 여러 가지 방송을 하는 스타일이 아니야. 하다보면 이 일에 최선을 다했다 이런 느낌을 받아야 되는데, 여러 가지를 하게 되면 내가 만족을 못 하고 괜히 양심에 찔려. 근데 이렇게 방송을 많이 안 하면 이런 소문이 또 돌아. 까탈스럽다... 까다롭게 일 고른다 같은. 결국 이건 양립이 안 되는 거야. 그렇다고 갑자기 일을 여러 개하면 또 다른 소리가 나오겠지. 이제는 프로그램 막 하더라... 예전과 달라졌다. 같은. 그래서 결국 모든 사람을 만족시키는 건 현실적으로 어려워.'

담담하게 말하는 유재석의 표정을 보며 굉장히 많은 감정이 스쳤다. 나도 예전을 돌이켜보면 모든 사람과 잘 지내려고 애써 나를 지우고 상대방에게 맞춰주고 자연스럽게 을을 자처했었다. 하지만 그렇게 상대방에 기준에 나를 끼워맞추면 맞출수록 내 인생은 불행해졌고, 상대방의 기분이나 반응에 좌지우지됐다. 예를 들어, 내가 머리를 자른 게 낫다고 하는 사람의 마음에 들고 싶어, 머리를 자르고 가면 '너무 짧게 자른 거 아니야?'라는 식으로 얘기한다거나, 햄버거를 좋아한다고 해서 같이 햄버거집에 가면, '야, 난 버거킹보다 맥도날드가 좋은데..아..'라는 식이다.

최근 TV 프로그램 '금쪽상담소'에서도 가수 에일리가 이것과 비슷한 말을 했다. 에일리는 '살이 찌면, 살 빼라고 난리고 또 살 빼면 너무 빠져서 보기 싫다고 하는데 어떤 의견에 저를 맞춰야 할지 모르겠더라고요. 저는 원래 남들의 눈치를 잘 안 보는 성격인데 언젠가부터 대인기피증이 생겼어요.'라고 자신의 고민을 털어놓은 적이 있다. 이처럼, 내가 어떤 걸 하든, 나를 비난하고 싫어할 사람들은 싫어한다. 그리고 내가 어떤 걸 하든지 나를 믿어주고 좋아할 사람은 계속 그렇게 내 곁에 남는다. 그러니, 모두와 잘 지내려고 나를 지우고 가식적인 행동과 말을 하는 것보다는 그냥 있는 그대로의 나를 드러내고 나의 그 솔직한 모습을 좋아하는 사람들과 많은 시간을 보내면 된다. 지금 당장 나를 싫어하는 사람들의 비난에 힘들다고 해도, 유재석의 말처럼 '잠깐'이다. 다 지나가는 자연스러운 과정이고, 그 과정을 극복하면 이전보다 훨씬 더 편한 삶을 살 수 있을 것이다.

인맥 쌓는데 시간 쏟는 게 무의미한 이유

대한민국 사회에서 가장 중요한 것 중 하나로 여겨지는 것이 바로 '인맥'이다. 이 '인맥'을 이용해 인생을 역전시킨 사람을 주변에서 보게 되면, 나도 모르게 '아, 나도 사람만 잘 사귀어놓으면 인생 역전할 수 있겠는데?'라는 생각을 무의식적으로 하게 된다. 하지만, 이런 사람들에게 대한민국 최고의 가수이자, 1조 가치의 회사인 JYP엔터테인먼트의 CEO 박진영의 명언을 들려주고 싶다.

'사람들을 사귀느라고 시간을 많이 쓰지 않았으면 좋겠습니다. 인맥을 쌓아야지 성공할 수 있다고 믿는 분들이 많이 있는데 짧게 보면 그래요. 하지만 길게 보면 결국 사람들은 다 이기적입니다. 서로에게 도움이 되면 도움을 주고받게 돼있어요. 여러분 실력을 키우고 여러분의 몸을 관리하는데 시간을 우선적으로 쓰세요. 인맥은 짧게 보면 도움이 되지만 길게 보면 결코 도움이 되지 않습니다. 그러니까 인맥 쌓으려고 술자리에 가시거나, 별로 안 좋아하는 사람들과 어울려서 시간을 보내는 일 하지 말라고 자신 있게 말씀드리고 싶습니다.'

박진영의 이 말을 듣고 굉장히 많은 공감을 했다. 10년을 알고 지냈더라도, 내 일에 크게 도움이 안 되는 사람보다 오늘 만났는데 내 일에 당장 도움을 줄 수 있는 사람이라면 사람들은 두 말 않고 후자의 사람과 비즈니스나 다른 일들을 진행할 것이다. 결국 친밀함보다는 서로에게 필요한 사람이어야 한다. 박진영이 그 뒤에 이어서 한 말도 의미가 있다.

'누군가는 제 말을 들으면서 본인이 성공했으니 그런 말하는 거지라고 생각하시는 분도 계실 겁니다. 하지만 절대 그렇지 않아요. 그냥 정말 성실하게, 착실하게 자기 실력을 키우면, 분명이 나를 쓸 수밖에 없습니다. 그러니까 길게 보시고 사람들 만나는데 시간 쓰고, 돈 쓰고, 몸 쓰고, 건강 악화되고 이러지 말고 자기 자신을 믿으세요. 성실하게 노력하고 공부하세요.'

박진영은 가수와 전혀 관련 없는 전공이었고, 90년대 초, 개성 있는 외모보다 무조건 비쥬얼이 좋은 가수를 선호하던 때에 철저히 자신의 실력으로 시장을 개척해나간 사람이다. 그렇기에 그가 하는 말이 훨씬 더 설득력 있고 진실성 있게 들리는 것이다. 주변을 보면 인맥에 목매고 집착하는 사람들이 있다. 이들은 부족한 실력을 채울 생각은 하지 않고, 어떻게든 사람 한 번 잘 만나서, 천재일우의 기회를 노린다. 하지만, 본인의 실력도 제대로 없으면서 능력자들에게 잘 보여서 좋은 자리나 좋은 기회를 한 번 꿰차려하면 당연히 좋은 결과를 얻을 수 없다. 능력자들은 이 사람이 진짜 실력자인지, 실력자인 척 하는지, 아니면 그냥 나에게 잘 보여서 콩고물이라도 얻어 먹으려 하는지 너무나도 잘 알고 있기 때문이다. 그리고 가장 핵심적인 사실은 내가 실력이 없으면 나는 '인맥'이라고 생각한 사람은 나를 그저 '아는 사람' 그 이상 이하로도 취급하지 않는다는 것이다. 내가 아는 분 중에 정말 성공한 사업가가 있는데, 그 분이 나에게 그런 얘기를 한 적이 있다. '관계가 지속되기 위해선 상대방이 나에게 이 2가지를 반드시 줘야 한다. 한 가지는 재미다. 같이 있으면 진짜 재밌고 편한 사람이면 굳이 생산적인 대화를 하지 않아도 즐겁다. 그리고 나머지 한 가지는 당연히 알다시피 이득이다. 서로가 서로에게 일적으로나 감정적으로나 도움을 준다면 그 관계는 계속 유지된다. 그게 아닌 관계는 일시적인 관계에 불과하다.'

이 말에 굉장히 많은 공감을 했던 기억이 난다. 다시 한 번 강조하지만, 인맥을 쌓을 시간에 자신의 실력을 쌓고, 상대방이 나를 왜 안 써주는지에 대해 불만을 토로하고 상대방을 원망할 시간에 자신의 역량을 성장시키는데 집중해라. 그게 가장 빠른 성공의 길이다.

착하긴 한데 지내기 불편한 사람 특징

누군가를 만나다보면 이런 느낌을 받을 때가 있다. '분명, 나를 위해주는 것 같은데 왜 이렇게 불편하지?' 나에 대한 조언과 잘 되라는 마음에서 해주는 행동들과 말이, 모두 간섭으로 느껴지고 심할 경우 굉장한 부담으로 다가와 나를 힘들게 한다. 하지만 그 행동이 결코 악의로 느껴지지 않고, 나를 위한 선의 같아 단호하게 말을 할 수도 없다.

심리학자인 엔젤린 밀러는 이런 사람들을 일컬어 '인에

이블러'라고 명명했다. 인에이블러는 상대방을 사랑하고 진심으로 생각한다는 명목으로 오히려 상대방의 인생을 망치고 방해하는 사람을 말한다. 이들의 가장 큰 문제는 굳이 상대가 도움이 필요하지 않은데, 그런 부분까지 자신이 나서서 도움을 주려 하고, 상대에게 큰 부담을 지게 하는 것이다. 예를 들면, 굳이 운동을 하고 싶어 하지 않는 친구에게 '너 살 빼야지. 언제까지 그렇게 살 거야? 내가 도와줄게. 같이 하자.'라며, 원치 않는 무언가를 계속해서 강요하거나, '이거 건강에 좋은 거니까 빨리 먹어. 다 아들을 위한 거야.'라며, 굳이 먹고 싶지 않은 건강식을 차려놓고 건강에 좋은 거니, 너를 위한 거니 빨리 먹으라는 식으로 강요하는 부모의 경우가 이와 같다.

사실 인에이블러들이 간과하고 있는 사실은, 본인들은 본인이 상대방의 인생에 정말 큰 도움을 준다고 착각하고 있는 것이다. 이들은, 상대방이 자신의 오지랖으로 인해 괴로워하면, '내가 도움을 준다고 말하면서, 이 사람의 삶을 힘들

게 했구나.'라며 반성하기는커녕, '지금은 저렇게 힘들어하
지만 봐봐. 결국 다 좋아지는 과정이야.'라며, 스스로의 행동
이나 말을 정당화한다. 영화 베테랑에서 유아인은 '문제 삼
지 않으면 문제가 안 되는데 문제 삼으니까 문제가 된다.'라
는 명언을 남긴 적이 있다. 이와 마찬가지로, 인에이블러도
굳이 문제도 아닌 것을 크게 만들어 상대방에게 계속해서 부
담을 준다. 이런 유형들은 주변에서 흔히 찾아볼 수 있는데
특히 부모와 자식 관계에서 겪는 경우가 많다. 예를 들면, '
다 너를 위한 거야.'라며 굳이 자식이 원하지 않았는데도 자
신의 모든 것을 희생해 아이의 뒷바라지를 하는 부모님의 경
우. 이런 경우 서로의 가치관이 너무나도 다르기 때문에 필
연적으로 갈등의 골이 깊어질 수밖에 없다. 자식은 '원하지
도 않는데 왜 이렇게 강요하는 거야?'라며 반발심을 가지고,
부모는 '내가 이렇게 희생하는데도 고마워하기는커녕, 말도
안 들어?'라며 분노한다. 그런데 이런 문제는 애초에 전제 자
체가 잘못된 것이다.

상대방이 그것을 원하느냐를 먼저 파악하고 원한다면 상대가 나의 도움을 필요로 하는가를 확인해야 하는 문제인데 자신의 기준을 상대방에게 강요하고 그로 인해 상대를 컨트롤하겠다는 잘못된 생각을 하는 것이다. 이들은 자신이 좋은 사람이라는 것을 주변에 널리 알리기 위해 어떻게든 자신을 변호하려 한다. '내가 그렇게 도움을 주는데도... 나한테 고맙다는 말 한 마디하기는커녕 오히려 부담을 갖더라고.. 섭섭하지만 어떻게 하겠어. 내가 선택한 길인데.'라며, 자신이 마치 이 사람의 인생을 위해 모든 걸 희생하고 그에 따른 고통을 기꺼이 감내하겠다는 뉘앙스의 말이나 행동을 한다. 굳이 도와줄 필요가 없는 부분까지 도와주려 하며 도리어 나중에는 내가 베푼 것에 대한 보상을 해달라는 무언의 압박까지 한다. 이를테면, 원치도 않는 운동을 억지로 시켜서, 상대방이 받는 스트레스나 압박은 생각조차 않고, '나 덕분에 아침 일찍 일어나서 운동하는 습관 생겼지? 살도 좀 빠진 거 같은데? 난 바라는 건 크게 없어. 그냥 뭐 알아서 해주는 거지.' 차라리 진심으로 도와주고 싶었다면 그냥 생색 내지 말고 도와주기라도 하지, 이런 은혜를 갚으라는 무언의 압박을 하는 자체가 어이가 없고 화가 날 뿐이다. 내가 필요에 의해 도움을 요청한 거라면 전혀 상관이 없는데 그게 아니니 부담스럽다. 이들의 숨겨진 공통적 특징 중 하나는 바로 '자존감이 낮다.'라는 것이다.

표면적으로는 '상대방이 나로 인해 성장하고 잘 됐으면 좋겠다.'라는 슬로건을 표방하지만, 결국 '내가 상대방에게 소중한 존재가 되어 상대방이 나의 가치를 인정해주고 존중해주면 좋겠다.'라는 심리가 내재되어있는 것이다. 그렇기에 정신적으로든 물질적으로든 보답을 바라는 것이고, 원치 않는 도움을 부담스럽게 계속해서 주려 하는 것도 이와 궤를 같이 한다. 이런 사람들의 원치 않는 도움을 거절하는 방법은 단 하나다. 그 사람의 호의에는 감사를 표하되, 내가 지금 그 호의가 필요 없다는 것을 정확하게 인지시켜 주는 것이다. '이렇게 나 챙겨주고 배려해준 거 너무 고마워.

그런데 지금 나는 내가 해야 할 게 많아, 그걸 할 여유는 없어. 그러니, 마음만 받을게.' 이런 식으로 상대의 호의를 인정하고, 그 호의에 대한 거절을 확실히 한다면 이런 '인에이블러'들의 원치 않는 도움을 막을 수 있다. 그럼에도 불구하고, 부담스럽게 계속해서 원치 않는 도움을 주려 할 때는 단호하게 관계를 끊는 것이 우리 스스로의 정신 건강을 위해 필요한 태도다.

"

누가 너에게 해악을 끼치더라도 앙갚음을 하려 들지 마라.
강가에 가만히 앉아있으면
곧 그의 시체가 떠내려가는 것을 보게 되리라

『노자』

"

16
사람들이 알아서 존중해주는 인물들의 특징

다양한 인간관계를 맺다보면, 별다른 행동이나 말을 한 것 같지 않아도 상대방이 알아서 그 사람을 존중해주는 그런 인물들을 보게 된다. 덩치가 크거나, 성격이 무섭거나, 힘이 센 것과는 좀 다른 부분인데, 이는 연예인 강호동도 마찬가지다. 강호동과 방송을 한 모든 사람들은 입을 모아 강호동을 '정말 존경하는 사람'이라고 말한다. 그는, 어떤 방송을 하든지 촬영장에 가장 먼저 나와 준비하고, 또 가장 열정적으로 방송에 참여한다. 이미 정상의 자리에 올라있음에도 불구하고 누구보다 최선을 다하는 그의 모습에 사람들은 그를 존경할 수밖에 없게 된다. 이처럼 사람들이 알아서 존중해주는 인물들의 특징은 아래와 같다.

1. 타인이 자신을 존중하게끔 만들 수밖에 없는 방식으로 상대를 대한다.

상대방을 절대 무시하지 않고, 그 사람을 배려해주려고 노력한다. 강호동의 명언 중 이런 말이 있다. '남에게 손가락질할 때마다 다른 3개의 손가락은 자신을 가리킨다는 것을 잊지 마세요. 남이 마음에 들지 않는다고 불평하기 전에 자신을 먼저 돌아보세요.' 이처럼, 강호동은 절대 상대방을 무시하거나 비난하지 않으며 존중해준다. 성격이 예민한 이경규조차, 강호동에 대해 '호동이는 절대 남 욕을 하지 않아. 그건 진짜 리스펙하는 부분이야.'라고 말 할 정도니까. 이처럼, 타인에 대한 뒷말, 그리고 타인에 대한 비난을 하지 않고 있는 그대로의 그 사람을 봐준다는 것이 정말 중요하다. 한 번 생각해보자. 누군가가 나에게 '안녕하세요. 말씀 많이 들었습니다. 만나 뵙게 돼서 영광입니다.'라고 말한다면, 그 사람의 면전에 대고, '저는 아닌데요?'라고 하지는 못할 것이다. 그리고 만약 그런 사람이라면, 사회성이 굉장히 부족할 가능성이 높다. 이처럼 내가 상대방에게 대접 받고 싶은 대로 상대방을 대접한다면, 결코 무시당하지 않고 훨씬 더 존중받는 인간관계를 만들어나갈 수 있다.

2. 열정적으로 최선을 다한다.

사람들이 알아서 존중해주는 인물들의 특징 중 한 가지는 열정적으로 어떤 것에든 최선을 다한다는 것이다. 강호동이 1박2일이라는 TV프로그램을 촬영할 때, 멤버들에게 이런 말을 했다. '지금 우리는 새벽4시지만, 이 방송을 보는 시청자들은 오후 6시다. 최선을 다하자.' 새벽까지 이어진 촬영으로 많이 지친 제작진과 멤버들에게 힘을 불어넣어주는 강호동의 한 마디에 모두가 다시금 힘을 내고 열심히 촬영을 했다고 한다. 이처럼 모든 일에 열정적이고 최선을 다하는 사람들은 어딜 가든 존중받고 존경 받을 수밖에 없다. 자신의 일에 열정적이고 상대방을 만날 때도 그 사람에게 최선을 다하면 상대방도 그로 인해 그 사람의 좋은 에너지와 긍정적인 열정을 받기 때문이다. 이런 사람들은 자신의 말이나 행동에 강한 확신이 있되, 그 확신을 상대방에게 결코 강요하지 않는다. 하지만 그렇게 전달되는 간접적인 에너지에 상대방도 절로 동기부여를 받을 수밖에 없다.

결국 확실한 한 가지는 이것이다. 여러분이 여러분의 인생에 최선을 다하고, 스스로를 사랑하는 것만큼 상대방도 사랑해준다면 굳이 말하거나 티내지 않아도 상대방이 알아서 여러분을 존중해주고 존경해줄 것이다.

짤 배운 사람들이 인간관계에서 철저히 지키는 것들

1. 말하기 전에 한 번 더 생각한다.

주변 사람들이 대부분 좋아하는 직장 선배가 있었다. 그 분 같은 경우에는 누가 봐도 호감인 사람이었는데, 특히 말을 굉장히 조심스럽게 하는 게 그 선배의 특징이었다. 어떤 상황에서든 결코 감정적으로 말하지 않고, 차분하게 자신의 의견을 개진해나갔는데, 그러다보니 말실수할 일이 없었고 많은 사람들이 그 선배의 진중한 태도를 좋아할 수밖에 없었다. 그래서 그 선배에게 어떻게 그렇게 말을 진중하게, 차분하게 할 수 있냐고 물어봤더니 그 선배가 이렇게 말했었다. '저는 말을 할 때 항상 한 번 더 생각해요. 인간은 감정적인 동물이라, 스스로가 자각하지 않으면 감정에 휩쓸리기 쉽거든요. 저도 인간이라, 가끔 감정적으로 행동하고 말하고 싶을 때가 있고 저도 모르게 욱하고 감정이 올라올 때도 있어요. 하지만, 그럴 때마다 스스로에게 제재를 거는 거죠. 과연 이 말을 하는 게 나에게, 그리고 상대방에게 도움이 될까라고 말이죠. 그렇게 한 번 내 안에서 거르고 나오는 말은 훨씬 더 이성적이고 합리적일 가능성이 높아요. 저는 그런 식으로 제 말을 관리합니다.' 그 선배의 그 말이 아직까지 기억에 남는다.

내가 아는 잘 배운 사람들은 대부분 자신이 하는 말의 무게를 잘 알고 있었다. 그러다보니 대부분 실언을 하지 않고 진중하게 자신의 의견을 합리적으로 피력했다. 오랫동안 좋은 이미지를 쌓은 사람임에도 불구하고 실언 한 마디로 한 순간에 무너지는 경우를 많이 보게 된다. 한 번 내뱉으면 절대 주울 수 없는 게 말이다. 그러므로 내가 습관적으로 쓰는 언어들을 항상 조심하고 되돌아볼 필요가 있다.

2. 어떤 약속이라도 가볍게 여기지 않는다.

지금도 굉장히 친하게 지내는 지인이 있다. 이 지인과는 정말 평생 갈 거 같다는 확신이 드는데, 그 이유는 바로 약속에 대한 개념 때문이다. 5년 넘게 알고 지냈지만, 어떤 약속을 하든지 단 한 번도 그 약속을 어긴 적이 없고 심지어 늦게 나온 적도 없다. 그만큼 약속을 생각하는 태도가 남다른 것이다.

반면에 지금은 연락하지 않는 그 때 당시에 친했던 지인이 있는데, 이 지인은 항상 약속에 늦었을 뿐더러 심지어 미안하다는 소리도 하지 않고 그걸 당연하게 생각했다. 비단 나에게뿐만 아니라 많은 사람들에게도 그런 식으로 대했고,

약속을 소중하게 여기지 않는 태도 때문에 그 사람은, 주변의 소중한 인연들을 잃을 수밖에 없었다. 약속은 자신의 얼굴과도 같다. 서로가 서로의 시간을 내서 만나는 만큼 귀하게 다루고 여겨야 한다. 잘 배운 사람들은 이 점을 항상 조심하기에 많은 사람들에게 사랑 받고 존경 받을 수밖에 없다.

3. 사람을 비즈니스로만 여기지 않는다.

인간관계는 이론이 아니다. '연애 잘 하는 법'에 대한 글을 본다한들 우리가 한 순간에 연애도사가 될 수 없는 것과 같다. 마찬가지로 인간관계도 그렇다. 이 사람을 만났을 때 물질적으로 도움 될 게 없다고 대충 만나거나, 물질적으로 도움 될 게 있다고 만나서 바로 본론으로 들어간다거나 하는 행동들은 그 사람의 인간미를 대폭 떨어뜨린다. 자신에게 도움이 되는 사람만 만나고, 또 필요에 의해서만 누군가를 만나는 사람이라는 이미지를 주기 때문이다. 목적이 없더라도 '생각나서 연락했어요.'라며 살갑게 상대방에게 연락하거나, 비즈니스가 아니더라도 만나서 서로의 삶을 공유하는, 그런 인간미가 넘치는 사람들 곁에는 항상 사람이 넘칠 수밖에 없다.

마인드가 촌스럽고 쩨렴한 사람들이 갖고 있는
3가지 특징

1. 해준 것만 기억하고 받은 건 기억 못 한다.

마인드가 쩨렴하고 촌스러운 사람들은 자신이 해준 티끌만큼의 호의를 태산처럼 생각한다. 그리고 자신들이 받았던 태산의 호의는 티끌만큼도 취급하지 않고 기억하지 않는다. 자신이 한 번 샀던 3,000원짜리 커피는 평생 기억하면서 습관적으로 받았던 몇 백만 원의 호의는 기억 저편으로 날

려버리는 것이다. 많은 사람들과 관계를 맺다보면 이런 유형들이 꽤나 많다. 이들의 기억 회로는 단순하다. 받은 것은 흘려버리고 자신이 해준 것만 차곡차곡 기억해놓는다. 그러니 당연히 상대방에게 무례할 수밖에 없고, 그로 인해 큰 갈등을 빚거나 관계에서 손절을 당하는 경우가 많다.

2. 자신은 하늘 위로 추켜세우고, 상대방은 지하로 내리꽂는다.

내가 만났던 마인드가 촌스럽고 저렴한 사람들의 대부분은 자신에 대해서는 한 없이 주관적이지만 상대방에 대해서는 한없이 객관적이었다. 예전에 어떤 모임에서, 누군가가 차가 막혀 3분 정도 늦었고, 그 부분에 대해 진심으로 사과했음에도 불구하고 '그러면 좀 더 일찍 나와서 여유롭게 도착했어야지.'라며 3분 지각한 사람을 끝까지 쏘아붙였다. 하지만 그 이후, 자신이 모임 시간을 착각해 무려 2시간을 지각한 적이 있는데 그 때는 '미안한데, 어쩔 수 없는 사정이 있었어. 이해해줘라.'라며 은연중에 이해를 강요했다. 그 모습을 보고 그 때 같이 모임을 하던 많은 사람들이 그 사람에 대한 정이 떨어졌던 기억이 있다. 이런 사람들은 내가 하면 로맨스지만, 상대방이 하면 불륜이라는 마인드를 당당하게 견지하고 있다. 그렇기에 상대방을 보는 기준이 무척 엄격하며, 상대에게 무례한 말이나 행동도 스스럼없이 한다. 하지만 무엇보다 중요한 건 남들이 아니라 본인을 우선 객관적으로 봐야한다는 것이다.

3. 패악질과 인생 간섭.

마인드가 촌스럽고 저렴한 사람들은 자신의 인생이나 잘 살면 되는데, 굳이 다른 사람들의 인생에 간섭 MSG를 잔뜩 뿌린다. '야, 그거 별로야. 내가 이거 해 봤는데 이게 더 좋아.' '야, 그걸 그 가격 주고 사? 아이고...호갱이 여기 있네.' 자신이 잘 알지도 못하는 분야에서 어떻게든 존재감을 드러내고 싶어 상대방의 결정에 간섭하고 훼방을 놓는다. 그리고 상대방과 멀어지면 자신은 그저 솔직하게 얘기했을 뿐이라며, 그걸 받아들이지 못하는 상대방을 소인 취급한다. 그러나 정작 본인이 그런 인생 간섭을 제3자에게 들었을 땐 '너가 뭘 알아?'라며 불같이 화를 낸다.

주변에 이런 사람들이 있다면 최대한 가까운 시일 내에 관계를 끊어야 한다. 이들은 자신의 인생이 별 볼 일 없기에 상대방의 인생을 어떻게든 끌어내리려 하며 인생의 즐거움이 없기에 타인의 삶을 비난하고, 평가하는데서 희열을 느끼는 사람들이다. 이런 저렴하고 촌스러운 사람들에게 스트레스 받으며 우리의 인생을 불행하게 만들 필요가 전혀 없다. 당신 인생의 주도권을 그 사람들이 흔들게 놔두지 마라. 단호하게 끊어내고, 단단하게 행동해라. 명심하자. 그게 우리의 행복한 인생을 위해 가장 필요한 태도다.

"

행복해지려면 미움 받을 용기도 있어야 한다.
그런 용기가 생겼을 때 인간관계는 한 순간 달라진다.

『알프레드 아들러』

"

IV

평생 함께 해야 할 사람의
공통적인 특징

미친 듯이 매력적인 사람들의 특징

1. 자기에게 맞는 향수를 쓴다.

자신만의 시그니처 향수가 있는 사람들이 있다. 오감 중에 가장 중요한 게 후각인데, 이 후각을 자신만의 색깔로 지배하는 사람들이다. 사람은 어떤 향으로 그 사람을 기억하는 경우가 많다. 그렇기에 이런 매력적인 사람들은 한 번 뒤돌아보게 되는 그런 자신만의 향을 갖고 있다. 자신에게 어울리는 향을 찾기란 쉽지 않다. 단순히 비싸고 좋다는 향수를 쓴다고 해서 더 비싸고 좋은 향이 나는 게 아니다. 가격이나 브랜드를 차치하고서, 자신의 분위기와 느낌에 어울리는 향수를 찾는 노력과 수고를 했고 그 노력을 자신만의 향으로 보여줬다는 게 대단한 것이다. 하물며 향수도 이렇게 본인에게 찰떡 같이 맞는 것을 찾는 능력이 있으니, 당연히 상대방에게도 잘 맞추고 배려해주는 사람들이다.

2. 외모와 분위기에 신경 쓴다.

매력 포인트의 가장 중요한 요소 중 하나는 바로 '외적인 이미지'다. 외모가 중요하지 않다는 것은 새빨간 거짓말이다. 인간은 0.2초 만에 그 사람의 매력도를 외면을 보고 판단한다고 한다. 이처럼 외모를 잘 가꾼다는 것은 관계에 있어 정말 중요하다. 잘생기고 예쁘고를 떠나, 잘 관리된 것 같은 느낌을 준다는 것만으로 상대에게 매력 어필을 했다는 뜻이기 때문이다. 이런 사람들은 외모뿐만 아니라 자신 고유의 분위기도 만들기 위해 굉장히 노력을 한다. 지적인 이미지, 진중한 이미지, 열정적인 이미지 등 스스로가 본인이 되고 싶은, 그렇게 보여지고 싶은 이미지를 만든다. 그러니 그 사람들은 계속해서 매력적일 수밖에 없다.

3. 말에 단정함이 느껴진다.

매력적인 사람들은 말 한 마디 한 마디가 잘 정제되어 있다. 담백하되 심심하지 않고, 흥미롭되 가볍지 않다. 그들과 대화하다보면 자연스레 존중받고 있다는 생각이 들며, 그 존중이 결코 부담스럽거나 과하지 않고 담백함으로 다가온다. 말을 참 단정하게 하는 지인이 있는데, 내 의사를 물어볼 때도 '너의 의견은 어떤지 좀 말해줄 수 있어?'라는 식으로 굉장히 나를 존중해주며 대화를 한다. 다른 친구들 같았으면, '넌 어떤데?' '넌 어떻게 생각해?'라고 했을 텐데, 비록 조금 더 말을 늘리더라도 이 지인에게는 상대방을 대접하는 게 우선인 것이다. 이처럼 말을 단정하게 하는 사람들은 상대방으로 하여금 '내가 대접받고 있구나.'라는 느낌을 받게 한다.

4. 기분과 태도를 관리한다.

어떤 상황에서도 자신의 기분과 태도를 관리할 줄 안다. 섣부른 행동과 말을 하지 않으며 기분이 태도가 되지 않으려 노력한다. 기분이 태도가 되면 함께 있는 상대방에게 불편함과 부담감을 주게 된다는 것을 너무도 잘 알기 때문에 그런 상황을 만들지 않기 위해 스스로를 끊임없이 컨트롤하는 것이다.

5. 자존감이 높다.

미친 듯이 매력적인 사람은 그 어떤 것에도 흔들리지 않는 단단한 자존감을 갖고 있다. 그들은 다양한 성취 경험들로 이미 스스로에 대한 확신이 있으며 어떤 걸 하든 잘 할 수 있다는 자신감이 충만하다. 하지만 그 자신감이 결코 자만심처럼 보이지는 않는데, 그 적절한 선을 굉장히 잘 유지한다.

6. 유행에 끌려 다니지 않는다.

'야, 이게 요즘 잘 나간대.' '사람들이 이거 많이 산다던데?' '여기가 요즘 핫플이래.' 자신의 취향이 아님에도 불구하고 많은 사람들이 좋아한다는 이유로, 많은 사람들이 입는다는 이유로, 많은 사람들이 방문한다는 이유로 쉽게 선택을 결정하는 경우가 많다. 하지만, 그런 경우 무난할 수는 있지만 결코 매력적으로 느껴지지는 않는다. 자신의 뚜렷한 주관 없이 휩쓸려 다니는 것처럼 보일 수 있기 때문이다. 반면에 정말 매력적인 사람들은 결코 유행에 끌려 다니지 않는다. 자신이 좋아하는 것과 잘하는 것이 뭔지를 정확히 알고 거기에 모든 시간과 노력을 쏟는다. 유행과는 동떨어져있을지 몰라도, 속칭 말하는 '인싸'가 아닐지 몰라도 이런 사람들 주변에는 언제나 사람이 끊이질 않는다.

7. 말과 행동이 일치한다.

가벼운 한 마디를 내뱉더라도 말의 무게감을 너무나도 잘 안다. 이룰 수 있는 것들, 반드시 이뤄야할 것들만 입 밖으로 꺼내고 그걸 이루기 위해 최선을 다한다. 말이 보이지 않는 약속어음이라고 생각하기 때문이다. 말과 행동이 다르면 사람들에게 신뢰를 얻기 어렵다. 반면 말과 행동이 같으면 훨씬 더 신뢰감 있고 믿을 수 있을만한 사람이 된다. 이처럼 말도, 행동도 각각으로써 존재하는 것보다 두 개가 합쳐졌을 때 훨씬 더 큰 시너지가 난다.

매력적인 사람들은 어떤 상황에서도 자신이 인생의 주인공임을 확신하고 있으며 그 누구보다 능동적이고 주체적으로 살아간다. 사실 이러한 매력을 가진 그들도 하루 아침에 그 매력이 뿅하고 나타난 것은 아닐 것이다. 자신에게 맞는 향수를 찾고 거울을 보며 말과 태도를 연습하며, 자기계발과 마인드셋을 위해 독서도 게을리 하지 않았을 것이다. 이렇듯 매력적인 사람이라는 것은 타고난 영역이 아니다. 누구나 끊임없는 연습으로 매력적인 사람이 될 수 있는 것이다. 이 때 가장 중요한 것은 의지이다. 먼저, 원하는 삶을 그리고 하나하나씩 쫓아가면 된다. 그 이후에는 훨씬 더 매력적으로 변한 나 자신을 발견하게 될 것이다.

20
인간의 본성을 알 수 있는 가장 좋은 방법

인간관계로 인해 참 힘들어했던 시절이 있었다. 그 때 힘들었던 이유의 대부분은 상대방에 대한 이유 모를 기대였었다. '내가 이만큼 해주니까 너는 이 정도는 해주겠지.'라는 마음이었던 것이다. 하지만 그런 마음가짐을 가지고 상대방을 대할 때 내 호의에 감사하며 오히려 더 큰 호의나 보답을 해주려는 좋은 사람들도 있었지만, 나의 호의를 당연하게 생각하고 '이 정도는 해줘야 되는 거 아니야?'라며 오히려 더 무리한 요구를 하는 사람들도 있었다. 그렇게 모두에게 잘 해주다보니 정확히 반반으로 갈렸다. 나의 호의를 더 큰 호의로 받아들이며 돈독해지는 사람과, 나의 호의를 권리로 알고 나를 이용하려는 사람. 그렇게 수많은 시간 낭비를 하며 주변 인간관계를 정리하며 느낀, 인간의 본성을 알 수 있는 가장 좋은 방법 2가지가 있다.

1. 무조건 잘해주고 해달라는 대로 해줘라.

앞서 말했듯, 인간은 자신에게 잘 해주거나, 자신에게 호감이 있는 사람에게 더 눈길이 갈 수 밖에 없다. 하지만 여기서 가장 중요한 건, 그 눈길이 감사의 눈길인지 아니면 이용의 눈길인지 구분하는 것이다. 정말 그 사람의 본성을 알고 싶다면, 지금 당장 조금 손해 보더라도 그 사람이 해달라는 대로 해줘라. 그 사람을 위해 내 시간과 노력을 써봐라. 그럼 한 순간에 갈릴 것이다. 당연하게 생각하는 사람, 오히려 더 큰 호의를 베풀려 하는 사람. 장기적으로 봤을 때는 처음의 작은 손해가 훨씬 더 남는 장사다. 애매하게 호의를 베풀면 오히려 칼같이 끊어내지 못하고 악성종양처럼 옆에 둘 수밖에 없다. 내 에너지와 정신을 좀 먹는 존재는 처음부터 그 씨의 종자를 파악하고 잘라내야 한다.

2. 한 말이 변함없는지를 지켜봐라.

말만 번지르르한 사람들은 굉장히 많다. 입으로는 거의 빌게이츠나 일론 머스크, 스티브 잡스다. 하지만 정작 그런 성과를 이룬 사람들은 눈을 씻고 찾아봐도 없다. 이는 마치 직장인이 '회사 다니기 진짜 싫어. 나 유튜브 열심히 해서 퇴사할 거야.'라고 하면서, 5년째 시작조차 하지 않으며 계속해서 회사에 대한 불평불만을 하는 것과 같다. 말로 못 하는 사람은 아무도 없다. 진짜 자신이 한 말을 몇 % 정도 현실화 시키느냐가 그 사람이 가진 진짜 역량이다. 뿐만 아니라, 말이 계속 이리저리 바뀌는 사람들이 있다. 예전에 무언가를 구매하러 갔는데, 구매 전에는 '이거 다 해드릴게요.'라고 하다가, 정작 구매를 하려 하니, '아, 그런데 이건 좀 힘들 거 같아요.'라며 갑자기 말을 바꾸는 영업사원이 있었다. 물론 어떻게든 판매로 연결시켜 자신의 수익을 올리려는 적극성은 높이 사지만, 어떻게든 거짓말로 현혹시켜 고객을 계산대 앞으로 끌고 오는 행위는 장기적으로 봤을 때도 자신에게 큰 손해다. 사람들은 바보가 아니다. 그런 행동들이 계속 되면, 그 사람은 양치기 소년 같은 이미지로 살아갈 수밖에 없다. 이처럼, 일상생활에서도 인간의 본성을 알기 위한 가장 좋은 방법으로 그 사람이 하는 말을 유심히 들어라. 어제 한 말이 오늘 바뀌진 않았는지,

　나에게 잘해주고 진심인 것 같지만 그 사람의 본심을 잘 모르겠다면, 그 사람의 본성이 어떤지 파악이 잘 안 된다면 이 2가지를 기억하고 그 사람을 유심히 보면 좋다. 나의 호의를 행여나 당연하게 여기진 않는지, 자신이 한 말을 자신도 기억하지 못할 정도로 말의 무게감이 없진 않은지. 명심하자. 감사함을 당연함으로 받아들이는 사람과, 자신이 내

뱉은 말의 책임감을 가지지 않는 사람과는 결코 깊은 관계를 맺을 필요가 없다.

21
잘 배운 사람이 무례한 사람을
무기력하게 만들 수 있는 이유

주변을 보면 무례한 사람들을 한 순간에 무기력하게 만드는 굉장히 잘 배운 사람들을 볼 수 있다. 그 사람들에게서 나타나는 공통점이 크게 2가지가 있다.

1. 무례한 사람의 말뜻을 이해하지 못하는 게 아니다.

잘 배운 사람들은 무례한 사람들의 말을 이해하지 못하

는 게 아니다. 오랜만에 만나서, 그렇게 친하지도 않은데 첫마디를 '너 아직도 이렇게 입고 다니냐? 아저씨 같아.'라고한다거나, '취업 준비 언제까지 할 건데?'라며 취업에 도움줄 것도 아니면서 내 인생에 감 놔라 배 놔라하는 그런 무례한 사람들. 겉으로는 걱정해주는 척, 위해주는 척 보인다. '너가 다른 사람들에게 올드한 이미지를 줄 거 같아, 내가 패션에 대한 지적을 하는 거야. 나는 솔직하잖아.' '아직 취업준비하는 건 너 나이 때는 사실 좀 아니지. 부모님 생각도 해야지.' 라는 식의 걱정을 표방하는 무례를 저질러 반응을 하기도 애매할 수 있다. 그러나 이런 무례한 사람들의 내면은굉장히 다르다.

무례한 사람들은 자신이 평가하는 위치에서 그 사람들의 마음을 조종하고 싶어 하는 심리가 있다. 상대방으로 하여금 자신에게 의존하게 하여 자신의 말을 철석 같이 믿고대단한 사람으로 생각하며 자신을 떠받들어주길 원하고 신봉하게 하길 원한다. 그러나 잘 배운 사람들은 결코 그런 것에 일희일비하거나, 무례한 사람들의 말 한 마디 한 마디에 반응하지 않는다. 그들은 애초에 못 배운 무례한 사람들의 평가 따위에 의존하지 않기 때문이다. 무례한 사람들의 말을 들었을 때, '아.. 진짜 좀 올드한가? 아저씨 같은가?' '이제 그만 노력할 때 된 건가..'라며 스스로를 돌아보고 괴로워하지 않고, '지 인생이나 열심히 살지.'라고 생각하고 치워버린다. 무례한 말을 들었을 때 '왜 이런 말을 하지?'라며 의미를 되뇌는 게 아니라 그딴 말에 대해 생각하며 내 정신 건강 망칠 바에 편하게 쉬는 편이 낫다 생각하는 것이다. 그렇기에 그냥 그런 말을 했을 때 '알겠어.'라고 하면서 무례함을 이어나갈 여지를 원천 차단해버린다. 이들은 자신의 무례가 무시로 돌아올 때 한 순간에 무기력해진다.

2. 분노를 측은함으로 바꿔버린다.

친구 중에 한 명이 갑자기 씩씩거리며 나를 찾아온 적이 있다. 6년 연애를 하고 결혼을 앞두고 있는 친구였는데,

예비남편의 예물시계 브랜드를 갑자기 어떤 지인이 물어서, 말해줬더니 '예물시계로는 좀 급이 떨어지는 브랜드 아닌가요? 좀 더 주고 좋은 거 사시지.'라는 식으로 말 같지도 않은 말을 했다는 것이다. 그 상황에서 그 친구는 아무 말도 못했던 자신에게 큰 분노와 짜증이 났었고, 지금도 계속해서 분하다고 얘기했다. 그래서 나는 그 친구에게 이렇게 말했다. '그냥 측은하게 생각해줘라. 축하해줘도 모자란데 군이 그렇게까지 얘기하는 사람이라면 분명 자신안의 큰 결핍이 있을 거야. 얼마나 불쌍하냐. 그렇게 군이 시계 브랜드 갖고 남 기분 망치려고 애쓰는 사람이. 분명 자신의 인생이 보잘 것 없으니, 남의 인생 가지고 왈가왈부하는 거 아니겠어? 너가 아무렇지 않게 생각하고, 오히려 그 분노라는 감정을 측은함으로 바꿔버리면 진짜 아무 생각 안 들 걸?' 그렇게 친구한테 말해주니 친구도 훨씬 더 마음이 편해지고 도리어 기분이 좋아졌다고 얘기한 적이 있다.

이처럼, 무례한 사람에게 할 수 있는 가장 큰 복수는 '무

관심'이다. 이들은 사람들의 괴로움을 먹고 자라나는 기괴한 동물과도 같다. 자신의 반응에 상대방이 괴로워하면 거기서 희열을 느끼고 더 커지는 것이다. 그러니, 절대 먹이를 줄 필요가 없다. 철저하게 무시하고 불쌍하게 여겨주면 된다. 이 2가지 태도만 견지하더라도 무례한 사람에게 훨씬 더 현명하고 지혜롭게 대처할 수 있을 것이다.

가는 자는 쫓지 말며, 오는 자는 막지 말라.

『맹자』

22

평생 함께 해야 할 사람의 공통적인 특징

안테나 엔터테인먼트의 대표이자, 천재 작곡가로 유명한 유희열. 유희열의 스케치북이라는 인기 프로그램을 운영하고 있으며 서울대 출신이기도 하다. 언뜻 생각했을 때는 큰 상처 없이 유복하게 자랐을 거 같지만, 그는 '미운 오리 새끼'라는 프로그램에서 자신이 힘들었던 과거에 대해 솔직하게 털어놓았다.

'부모님이 어린 시절 이혼하셨거든요. 어머니와 계속 생활을 했습니다. 제 가정사가 부끄러워 항상 이 사실을 숨겼어요. 그런데 한 가지 큰 걱정거리가 있었습니다. 그 때 당시 여자친구였는데요. 여자친구와의 진지한 미래를 생각할 때마다 걱정이 앞섰어요. 저는 그 때 당시 좋지 못한 가족 관계를 제 큰 치부로 여기고 있었기 때문이에요.'

'그런데 결국 여자친구를 아버지에게 인사시키기로 결정했습니다. 근데 저는 어릴 때 이후로 아버님과 왕래가 전혀 없었어요. 거의 십 몇 년 만에 뵙고 인사를 시킨거죠. 근데 술도 한두 잔씩 오가다 보니까 분위기가 좀 이상하게 흘러갔어요. 서로 원망도 갖고 있고 하니까.. 견디기가 쉽지 않더라고요. 여자친구에게 자존심이 상하고 치부를 들킨 기분이었습니다. 민망하게 눈물까지 났어요.'

그런데 그 때 여자친구가 저를 다독여주면서 이런 얘기를 해줬는데, 그 말을 듣는 순간 이 사람과는 평생 가도 되겠다 싶더라고요. 그 때 여자친구가 제게 이렇게 말했어요. '내

가 오빠를 행복해지려고 만나는 거 같아? 그게 아니야. 난 불행하더라도 오빠랑 있으면 괜찮을 거 같아.'

그 때 제가 갖고 있던 가치관이 싹 다 무너져 버렸죠. 아이 사람과는 내일을 같이 걸어도 행복하겠구나.

좋아하는 사람에게는 내 좋은 모습만 보여주고 싶은 마음이 크다. 당연히 호감이 있기 때문에 잘 보이고 싶고, 또 상대방에게도 은연중에 그런 좋은 모습을 바라기도 한다. 하지만 매순간 그런 좋은 모습만 보여줄 수는 없다. 때로는 나의 지질한 모습도, 정말 밝히고 싶지 않은 단점까지도 드러내야 할 때가 있다.

하지만 그런 모습을 드러냈을 때 실망하고 내 곁을 떠나가는 사람보다, 나의 있는 그대로를 받아들이고 이해해주며 포용해주는 사람이라면 평생을 함께 해도 괜찮다.

매 순간 행복할 수는 없다. 때로는 의견 차이로 갈등을 빚기도 하고, 다투기도 한다. 그러나 가장 중요한 것은 그 갈등을 갈등 그 자체로 받아들이는 것이 아니라, 문제 해결을 위한 노력으로 받아들이고 더 나은 관계를 만들어가려는 태도가 필요하다. 나를 있는 그대로 받아들이는 사람들은 이 태도를 기본적으로 장착하고 있다.

같이 행복한 순간만 보낼 수 있는 사람보다는, 불행하더라도 함께 있으면 위안이 되고 이겨낼 수 있겠다라는 생각이 드는 사람들과 많은 시간을 보내자. 나의 어떤 단점이든 솔직하게 드러내고 내가 나다워질 수 있는 사람들과 함께하다 보면 나도 훨씬 더 성숙해지고 어른스러워질 수 있다.

23
인맥 쌓기 전에 실력부터 쌓아야 하는 이유

    원더걸스, 2PM 등 인기 아이돌 그룹을 키워낸 박진영. 실험적이고 개성 뚜렷한 곡으로 대중의 인정을 받고 가수와 JYP 엔터테인먼트 CEO로서 모두 성공했다.

    그가 성공할 수 있었던 비결엔 여러 가지가 있겠지만, 수많은 방송프로그램 및 인터뷰에서 항상 그가 강조하는 메시지가 있다. '인맥에 너무 연연하지 마세요.'

그가 인맥에 너무 연연하지 말라는 이유는 다음과 같다.

1. 인맥보다 실력이 우선이다.

'인맥은 짧게 보면 도움 되지만, 길게 보면 도움 되지 않아요. 인맥보다 실력이 우선이어야죠. 나 자신이 갖춰지면 사람들은 알아서 나를 찾게 되어 있어요.'

2. 의미 없는 모임은 말 그대로 아무 의미가 없다.

'인맥을 쌓기 위해서란 이유로 술자리에 억지로 가고, 안 좋아하는 사람과도 시간을 보내는 사람이 있어요. 그렇게 술 한 번 먹었다고, 인연이 되고 인맥이 될까요? 좋은 사람, 마음이 맞는 사람 몇이면 충분해요. 의미 없이 보낼 시간이 있다면, 그 시간에 자신을 꾸준히 갈고 닦으세요.'

3. 골프하고 술집 드나들 시간에 스스로를 키워라.

우리나라에서 인맥 쌓기는 주로 두 군데서 이뤄지죠. 여자들이 있는 술집과 골프요. 하지만 저는 둘 다 안 해요. 스스

로 만족하기 위해선 24시간을 알차게 써야 하고, 그러기 위해서는 무분별한 인맥 쌓기는 독일뿐이더라고요.'

인맥이 실력이라고, 인맥에 목매다는 사람들을 주변에서 심심찮게 볼 수 있다. 물론 인맥이 도움 되는 순간도 당연히 있고, 실제로 누군가가 나를 도와주고 있다는 사실만으로도 우리는 심리적 안정감을 갖기도 한다. 하지만 인맥은 말 그대로 인맥일 뿐이다. 내가 실력 없고 갖춰지지 못하면, 나는 그들을 인맥으로 생각할지라도 그들은 나를 그저 아는 사람으로 밖에 생각하지 않는다. 그렇기에 실력을 쌓고, 성과로 증명하는 게 우선 되어야 한다.

'잘'살아가기 위해서는 주변 사람을 쫓을 게 아니라 '나'가 주체가 되어야 하는 것. 내 실력만으로도 단단히 살아갈 수 있게 성실하고 꾸준히 노력하자. 증명하고 성취하는 삶을 살다보면 여러분이 그토록 바라는 인맥은 알아서 차곡차곡 쌓일 것이다.

24

심리학자의 인간관계 조언

1. 가벼운 사람과는 가벼운 이야기만 나눠라.

가벼운 사람에게는 굳이 내 속에 있는 진지하고 무거운 얘기를 할 필요가 없다. 그렇게 얘기해봤자 알아듣지도 못할뿐더러 되려 불편해할 수도 있다. 예를 들어, 나는 경제적 자유를 이루고 싶어 하고 경제/금융 공부에 대한 니즈가 있지만 상대방은 그냥 현실에 대한 불평/불만, 이성에 대한 가벼운 얘기만 하고 싶어 한다면 그냥 그 사람의 얘기를 웃으며 들어주면 되지, 굳이 '야, 너가 지금 이럴 때야? 우리 나이에는 경제를 알아야 돼. 그래야 노후가 편해.'라고 할 필요가 없다. 사람마다 자신의 그릇이라는 게 있다. 사람들은 그 그릇에 맞게 말하고 행동하며, 또 그에 맞는 사람들과 어울린다. 유유상종이라는 사자성어가 괜히 나온 게 아니다. 그렇기에 깃털처럼 가벼운 주제만을 다루길 원하는 사람이라면, 내 무겁고 진지한 얘기를 이리 저리 가볍게 옮길 사람이라면 그냥 그 사람과의 대화는 그 사람의 수준에 맞춰 들어주고 말해주면 된다.

2. 무례한 사람에게는 단답으로 잘라 말하자.

시도 때도 없는 무례를 저지르는 사람들에게 대처하는 방법은 다양하다. 이 책에서도 많이 다뤘듯 '당신은 지금 선을 넘었습니다.'라고 신호를 보낸다거나, 더 무례한 행동이나 말을 해 그 사람의 말문을 막는 방법도 있다. 또 다른 방법으로는 이처럼 단답으로 잘라 말할 수가 있는데, 상대의 무례한 말에, '네. 그렇죠.' '알겠습니다.'라는 식으로 대화를 전개시킬 수 없게 가능성조차 원천 차단하는 방법이다. '너 그렇게 살면 안 돼.'라고 말하면, '내 삶이 어때서?'라며 욱하고 화내는 게 아니라, '그래. 알겠어.'라는 식으로 반응하는 것이다. 감정을 섞지 않고 철저히 이성적으로 대답만 한다면 상대방도 할 말이 없어지고, 나중에는 도리어 자신이 '나는 이렇게 너를 걱정해주는데 넌 왜 반응이 그렇냐.'라며 화를 낼 것이다. 그 때 '걱정 안 해줘도 돼.'라고 딱 잘라 말하면 상대는 한순간에 말문이 막혀버린다. 그러니 당신의 기분을 불쾌하게 하려고 덤벼드는 사람에게 감정의 동요를 보이지 말자.

3. 무리한 요구는 단 하나도 들어주지 말자.

어릴 때는 친한 친구의 부탁이라면 지옥까지 가야 한다고 생각했었다. 설령 그 사람이 하는 부탁이나 제안이 내가 현실적으로 해낼 수 없는 불가능의 영역이라도 어떻게든 도움을 줘야 한다고 확신했다. 그러나, 그런 가치관은 인간관계에서 크나큰 부담을 동반했고, 어떻게든 부탁을 들어준다 하더라도 문제가 됐다. 그런 무리한 부탁이나 요구를 하는 사람들은 하나도 빠짐없이 더 무리한 부탁을 추가로 했고, 그러다 보면 나중에는 우정을 위해 부탁을 들어주는 것이 아니라, 부탁을 위한 부탁을 들어주는 꼴이 됐다. 더 이상 안 되겠어서, 한 번 거절하는 용기를 냈었는데, 생각보다 거절은 쉬웠고 나는 훨씬 더 편해질 수 있었다. 그 후로는 무리한 부탁은 그냥 '그건 내가 해줄 수 있는 영역이 아니야.'라는 의사표현을 확실하게 하게 됐다.

그 사람과 좋은 관계를 유지하기 위해 무리한 부탁을 억지로 꾸역꾸역 들어주는 사람들을 볼 수 있다. 그러나 반드시 명심해야 하는 것은, 좋은 관계를 유지하기 위해 그 사람의 무리한 부탁을 굳이 들어줄 필요가 없다는 것이다. 오히려 그런 무리한 부탁을 들어주다 보면 서로의 갑을이 형성되고, 나중에는 그런 부탁이 당연해지는 사이가 된다.

거절하는 게 처음에는 어려울 수 있지만, 하다 보면 적응된다. 내가 거절을 해야 상대방도 '아, 이런 부탁은 하면 안 되겠구나.'라는 머릿속의 제어장치가 생긴다. 그러니 무리한 부탁은 결코 다 들어주지 않아도 된다. 그게 나를 지키고, 상대방과 건강한 관계를 유지하기 위한 가장 좋은 태도다.

"

좋은 사람과 쓰레기를 구분하려면
그에게 착하고 상냥하게 대해줘라.
좋은 사람은 후일 한 번쯤 당신에 대한 보답에 대해
고민해 볼 것이고
쓰레기는 슬슬 가면을 벗을 준비를 할 것이다.

『모건 프리먼』

"

V

반드시 알아야 할
인간관계 상식

인간관계에서 은근히 무서운 사람 특징

1. 조용해보이지만 상대방을 잘 파악하고 있다.

관계에서 정말 무서운 사람들은 자신의 감정을 잘 드러내지 않는다. 이들은 겉으로 자신의 감정을 확연히 보여주는 사람들보다 오히려 훨씬 더 무서운 사람들이다. 작은 실수에도 불같이 화를 내는 사람들을 보면, '조심해야겠다.'라는 생각을 하거나, '뭐 저런 걸로 저렇게 화를 내냐.'라며 그 사람을 나도 모르게 평가하게 되는데 이런 조용한 사람들은 나에 대해 어떤 생각을 하는지 도통 간파할 수가 없다. 그렇기에 알아서 조심하게 된다. 겉으로는 드러내지 않아도 이 사람들은 속으로 상대방의 특징들을 세심하게 관찰하고 잘 파악한다. 대학교 동창 중에 그런 친구가 있었다. '나 이번 생일에는 이런 거 갖고 싶다.'라고 말을 한 지도 몰랐는데, 몇 개월 뒤 생일에 정확하게 내가 갖고 싶다고 스치듯 말한 것을 선물로 준 적이 있다. 이들은 심지어, 내가 왼손잡이인지 오른손잡이인지, 어떤 혈액형이고 어떤 MBTI인지도 다 파악하고 있다. 상대방에 대한 관심이 많기에 그런 것들을 어느 정도 파악하고 있는 것이다. 하지만 그만큼 세심하기에, 이 사람들의 레이다에 걸리면 나도 모르게 그 사람의 바운더리에서 아웃될 수도 있다. 상대가 별로인 행동이나 말을 하면, 드러내놓고 표현을 안 하고 야금야금 멀어진다.

2. 인간관계에 있어 아쉬움이 없다.

이런 사람들은 결국 인간관계에 크게 아쉬움이 없다.

내부가 보이지 않는 통에서 사탕을 꺼내 먹어야 하는데 선택지가 굉장히 많다는 가정을 해보자. 콜라맛, 사이다맛, 초콜렛맛, 소다맛 등등. 내가 그 중 아무거나 골라먹으면 되는 것이다. 반면, 사탕을 먹는데 계피맛 하나와 초콜렛맛 하나가 있다고 가정해보자. 그럼 당연히 계피맛보다 초콜렛 맛을 고를 것이며, 어떻게든 초콜렛 맛을 고르기 위해 안달힘을 쓸 것이다. 관계도 마찬가지다. 내가 만날 수 있는 대체제가 많고, 혼자임에도 외롭지 않게 시간을 보낼 수 있는 사람이라면 구태여 인간관계에 아쉬움을 가지지 않는다. 그렇기에 자신과 맞지 않는 사람과 굳이 맞추기 위해 노력하기보다, 더 편한 사람, 더 잘 맞는 사람들이 있기에 쿨하게 정리해버리는 것이다.

3. 평소엔 남을 잘 이해해주지만 선을 넘으면 칼같이 손절한다.

주변에 보면 싸우는 걸 싫어하고 평소에는 사람이 참 좋고, 웬만한 것에도 다 참고 양보하는 사람들이 있다. 우리는 흔히 이런 사람들은 참 '착한 사람'이라고 부른다. 하지만 정작 이런 사람들은 정말 무서운 점을 갖고 있다. 이 사람들은 '자기만의 선'이 정해져있다. 쉽게 말해 '손절 요소'라고도 하는데, 보통은 사람이 선을 넘으면 화를 내거나 싸우게 된다. 하지만 이런 사람들은 화내고 싸우는 게 아니라 아예 인간관계 자체를 끊어내 버린다. 그냥 상대방을 자신의 인연에서 정리해버리는 것이다. 평소에는 상대방을 이해하려고 노력하고 양보하고 참고 참다가 본인이 생각하는 선을 넘으면 상대방에게 말을 하지 않고 조용히 관계를 정리해버린다. 싸우고 감정소비하면서 갈등을 만들 바에는 차라리 관계를 끊어버리는 게 낫다고 생각하기 때문이다. 상대방이 무언가를 고치는 걸 바라지도 않는다. 고쳐질 문제가 아니라는 확신이 있기 때문이다. 이렇게 했으면 좋겠다, 저렇게 했으면 좋겠다 말 하는 것도 귀찮고 껄끄럽다. 그렇게까지 해서 굳이 곁에 둘 사람도 아닌 거 같고 감정소모도, 스트레스도 그만 받고 싶으니 그렇게 정리를 하는 것이다. 당하는 사람 입장에서는 굉장히 억울할 수도 있겠지만 이 사람들은 절대 한 번 선을 넘는다고 무작정 연을 끊거나 한순간 정리를 하지는 않는다. 자신만의 선을 확실히 지키는 사람들은 진짜 참고 참다가 더 이상 아닌 것 같다고 생각할 때 정리하는 것이다. 그 전까지 그들은 계속해서 인내하고 배려하려 노력한다. 상대방의 마음도, 의견도 들어보지 않고 손절 당했다고 억울해하기 전에 본인이 그 사람에게 어떻게 행동했는지 되돌아볼 필요가 있다.

26

반드시 알아야 할 인간관계 상식

1. 초대 받은 경조사에 다 참석할 필요가 없다.

예전에는 웬만하면 경조사를 다 챙겼었다. 설령 그 사람과 그렇게 친하지 않더라도 주말을 반납하고 4시간 거리를 가서 어떻게든 참석하려 했다. 하지만 그렇게 내가 참석하고 성의를 보였던 사람들이 내 경조사에는 코빼기도 비추지 않는 걸 보고 굉장히 실망했던 기억이 있다. 하지만 지금은 별 생각이 없다. 그 때는 그렇게 실망을 했었지만 지나고 보면 내가 유난스러웠지 않나라는 느낌도 있다. 그 후로는 초대 받은 경조사라고 다 참석하지 않았다. 진짜 친한 사이가 아니라면, 몇 년 동안 안 봤던 사이라면 굳이 갈 필요가 없다는 것을 너무 잘 느꼈기 때문이다.

실제로 청첩장을 주기에도 안주기에도 애매한, 그런 어색한 사이라면 같이 결혼식을 갈 사람도 없을뿐더러 결혼식장에 가서도 여전히 어색할 수밖에 없다. 그런 애매한 사이는 차라리 안 챙겨도 큰 상관없다. 상대도 예의상 초대한 경우가 많다.

2. 나쁜 친구는 떠나보내야 한다.

만나면 힘이 빠지고, 나의 기분을 불쾌하게 만드는 자존감 도둑들이 있다. 이런 사람들은 '내가 너를 잘 아는데.' '내가 너를 오래 봤으니 하는 말인데.'라는 서두로 나의 힘을 빼고 가능성을 제한한다. 불타는 열정으로 새로운 걸 도전하면 응원해주지는 못할망정 재를 뿌리고 발목을 잡아끄는 것이다. 오래 됐다하더라도, 많은 추억을 공유하고 수많은 시간을 함께 보냈다하더라도 이런 사람들은 과감히 끊어낼 필요가 있다. 좋은 친구들 만나기에도 부족한 시간인데 그런 사람들 때문에 감정 낭비하기엔 내 소중한 시간이 너무 아깝다.

3. 다른 사람과 비교하지 말기.

가끔 나보다 어린 사람들이 성공한 모습을 보면 인생에 깊은 현타가 올 때가 있다. 우리나라 특성상 비교 문화가 만연하고, 그 문화 안에서 자랐기에 어쩔 수 없는 것이라도 봐도 좋다. '옆집 민식이는 이번에 100점 맞았던데..' '옆집 수아는 이번에 서울대 붙었던데..' '엄친아' '엄친딸'이라는 용어가 생길 정도로, 우리나라의 만연한 비교문화는 스스로의 자존감을 깎고 내 인생이 보잘 것 없이 느껴지게 만들기도 한다. 하지만, 반드시 기억해야 할 것은 각자의 인생에 정답은 없으며, 걸어가는 길이 다를 뿐이다. 우리에겐 우리의 인생이 따로 있는 것이고 다른 사람과 나를 비교하는 건 세상에서 가장 쓸 데 없고 부질없는 일이다. 그러니 조급해하지 말고, 남들의 하이라이트와 내 동영상을 비교하지 않으며, 나의 페이스대로 천천히 가자.

4. 갈등이 심화되면 잠깐 심호흡을 하거나 산책을 해라.

상대방과 갈등이 있을 때, 그 갈등을 그 자리에서 이성적으로 풀면 좋겠지만 그게 안 되는 순간들이 많다. 감정이 격해져 상대방과 말다툼을 하다, 서로에게 지우지 못할 상처를 가슴에 새기기도 한다. 그러나, 이렇게 감정이 격해지거나 갈등이 심화될 때는 이성적으로 판단하기 힘들고, 옳은 결정을 할 수 없는 경우가 많으므로 잠깐 심호흡을 해라. 격앙된 상태에서 계속해서 말을 뱉는다면 더더욱 갈등이 커질 수밖에 없다. 심호흡을 해도 마음이 진정되지 않을 땐 상대방에게 양해를 구하고 잠시 바람을 쐬거나 산책을 해라. 바람을 쐬거나 산책을 하면 기분 전환이 되기 때문에 격앙됐던 감정이 천천히 가라앉고 갈등이 일어났던 순간을 머릿속으로 복기하며 이성적인 판단을 하게 된다.

27

인간관계에서 1도 필요 없는 것들

1. 떠나간 인연.

10년 지기 친구를 잃은 적이 있다. 그 친구와 어릴 때부터 굉장히 친하게 지냈었는데 성격 차이로 많이 다퉜고, 어느 순간 연락을 안 하게 됐다. 몇 달간은 정말 힘들었다. 다시금 그 친구와 연락을 하고 싶고, 관계를 개선시키고 싶었기 때문이다. 그러나 그런 나의 마음을 알았는지 내가 의지하는 형 한 명이 이렇게 말했다. '이미 떠난 인연에 대해서는 굳이 너의 감정을 소비하면서까지 생각 안 해도 돼. 서로가 그냥 서로의 행복을 빌어주고 자신의 인생을 열심히 사는 게 최선이야.' 그 형의 말을 듣고, 더 이상 떠나가 버린 인연에 대해 생각하지 않으려 노력했고, 내가 할 것들을 하며 시간을 보내니 더 이상 그 사람들로 인해 괴로워하지 않게 됐다. 헤어진 연인이든, 성격과 가치관차이로 더 이상 보지 않기로 한 친구든 떠나간 인연에 대해서 전혀 괴로워할 필요가 없다. 어차피 떠난 사람들이고, 그들과의 좋았던 추억을 떠올려봤자 내 마음만 아프기 때문이다. 아쉽지만 간 사람은 간 사람이다. 그들보다 중요한 건 현재의 내 인생이고, 내 곁에 남아있는 좋은 인연들이다.

2. 쓸모없는 질투.

질투는 크게 두 가지 종류가 있다. 건강한 질투와 쓸모없는 질투. 건강한 질투는 이런 것이다. 잘 나가는 사람, 성공한 사람, 열심히 살며 자신이 원하는 것을 성취한 사람을 보며, '와, 나도 저렇게 되고 싶다.'라는 건강한 질투심을 느끼고 자신의 인생을 변화시키기 위해 노력하는, 질투를 성장의 동력으로 삼는 경우다. 30살의 나이에 경제적 자유를 이룬 사람의 유튜브를 보고, 어떻게 그 사람이 경제적 자유를 이뤘는지 영상을 꼼꼼히 살펴보며 자신도 그 방법을 인생에 적용하고, 더 나아지려고 하는 것과 같다.

반면 쓸모없는 질투는 '뭐야? 금수저 아니야?' '쟤가 뭔데 잘 돼?' '틀림없이 부정한 방법으로 돈 벌었겠지.'라며, 상대방의 성취나 성공의 가치를 폄하해버리고, 보잘 것 없는 것으로 만드는 것이다. 하지만 이런 사고방식은 본인에게 하등 도움 될 게 없다.

나도 돈만 있으면, 나도 부정한 방식만 쓴다면, 나도 누군가가 도와준다면 같은 의미 없는 가정으로 스스로 행복회로를 돌리지만 결국 현실은 시궁창이고, 이런 현실과 가정의 괴리는 계속해서 커져, 심할 경우 허언증이나 리플리 증후군으로 발현되기도 한다. 그러니, 인생에 하등 도움 되지 않는 쓸모없는 질투는 더 이상 하지 않기로 하자.

3. 복수한다는 다짐.

밀란 쿤데라의 '농담'이라는 책의 줄거리는 이렇다. 좋아하는 여학생에게 쓴 편지에 실린 농담 한 마디에 대학교를 그만 두게 되고 자신의 젊은 시절을 빼앗긴 주인공은 몇 십 년간 과거에 얽매여 살며 자신을 그렇게 만든 동료 제마닉에게 복수를 기회를 호시탐탐 노린다. 하지만 몇 십 년 만에 재회한 그의 동료는 자신이 증오했던 예전의 모습과는 많이 달라져 있었다. 그는 무엇을 위해 몇 십 년의 시간을 보냈던 걸까. 이 책을 읽으며 참 많은 생각이 들었던 기억이 난다. 인간관계에서 나를 무시한 사람들에게 복수하겠다는 일념으로 비생산적인 시간을 보내는 사람들이 꽤나 있다. 그들의 공통적인 생각은 '내가 무시당한만큼 너를 괴롭힐 거야.'

인데, 이런 가치관은 자신의 인생에 하등 도움 되지 않으며, 심지어 인생을 퇴보시키기도 한다. 그러니 뿌리 깊은 복수심 때문에 스스로의 인생을 망치지 마라. 그 시간에 스스로를 발전시킬 생각을 하고, 더 좋은 사람들과 좋은 시간을 보낸다면 훨씬 더 가치 있는 인생을 꾸려나갈 수 있을 것이다.

지혜로운 사람은 필요한 모든 것이
자기 안에 있음을 알고 자기를 변화시키려 한다.
그래서 누구에게 화낼 일도 없다.
반면 어리석은 사람은 남들이 자신에게 친절하기를 기대하고
그렇지 않으면 화를 낸다.
바람결에 던진 먼지가 자신에게 돌아오듯
불행은 불행을 저지른 이에게 돌아온다.

『톨스토이』

28
착한데 만만하지 않은 사람의 특징

관계를 맺다보면 그런 사람들이 있다. 바보 같이 착해서 상대방에게 이용당하는 것도 아니고, 그렇다고 무례하고 예의가 없어 많은 사람들에게 좋지 않은 평을 받는 것도 아닌, 예의바르고 친절하지만, 자기 할 일은 확실히 하고 자기의 선을 지키는 그런 강단 있는 사람들. 이런 사람들의 특징을 몇 가지 정리하자면 아래와 같다.

1. 강강약약.

'멜로가 체질'이라는 드라마에 나오는 전여빈은 다큐멘터리 감독이다. 그녀는 드라마에서 전형적인 강강약약의 캐릭터로 나오는데, 자신의 소꿉친구들에게는 한 없이 다정하고 편안한 친구지만 드라마에서 갑질을 하는 CF감독 손석구에게는 더 큰 소리를 내며, 손석구의 말문을 막히게 한다. 약한 사람에게는 한 없이 다정하지만, 강한 사람에게는 더 강력한 모습을 보여줬던 그녀는, 드라마를 보는 많은 사람들을 대리만족시켜줬다. 이처럼 전여빈 같은 인물들을 인간관계에서도 볼 수 있다. 착한데 만만하지 않은 사람은 평소에는 모든 사람에게 친절한데 무례한 사람은 귀신 같이 구분한다. 이런 사람들은 기본적으로 사람을 잘 봐서 남과 본인에게 피해줄 사람은 확실히 구분하고 그들에게 싫은 소리를 해야 할 땐 누구보다 정확하게 목소리를 낸다. 그렇기에 남들이 쉽게 대하지 않고 존중해준다.

2. 적당한 마이웨이.

'내 인생 마이웨이'라고 하며, 겉으로는 자유를 표방하지만 많은 사람들에게 피해를 주는 인간들이 있다.

예를 들면 음악을 한답시고, 충간소음을 생각하지도 않은 채 집에서 시끄럽게 음악을 틀어놓고 춤을 추며 노래를 부른다거나, 내 건강은 내가 알아서 할게라며 담배를 피는데, 흡연구역이 아닌 금연구역에서 담배를 핀다거나, 자신은 자유로울 권리가 있다며 사람들 많은 밀집지역에서 마스크를 안 쓰고 돌아다닌다거나 하는 행위다. 이건 마이웨이라기보다는 그냥 기본적인 개념이 없는 것과 같다.

하지만 착한데 만만하지 않은 사람들은 적당한 마이웨이를 지킨다. 이들은 상대방에게 피해를 주지 않는 선에서 자신이 가고자 하는 길과 미래를 멋지게 만들어나가며, 주변 사람이나 환경에 쉽게 흔들리지도 않는다. 이들은 남들이 설령 자신의 인생에 대해 안 좋은 소리를 하더라도 크게 마음을 쓰지 않고 훌훌 털어낸다. 그리고 남들의 평가에 자신을 맞추지 않으면서도 동시에 많은 사람들이 잘 지내는 편이다.

3. 똑 부러진다.

착한데 만만하지 않은 사람들은 우유부단하지 않고 자기 주관이 확실해서 의사 결정이 정말 빠르다. 예전에 같이 카페에 갔는데, 아이스 아메리카노를 마실지, 아이스 카페라떼를 마실 지로 5분 동안 고민하는 사람이 있었다. 같이 카페에 간 사람들을 모두 불편하게 하는 유형이었다. 우유부단하고 결정 장애인 사람들은 남들을 답답하게 하고 짜증나게 한다. 참다못해 대신 결정을 내려주면, '아니. 그건 좀 별로.'라며 거부하고, 그렇다고 더 나은 대안이 있는 것도 아니라 말 그대로 답이 없다. 하지만 착한데 만만하지 않은 사람들은 결정을 질질 끌지 않고 남들을 답답하게 하지 않아 똑부러진다는 말을 많이 듣는다. 그리고 결단력 있게 행동하기 때문에 항상 주변에 사람들이 많이 따른다.

4. 자존감이 높다.

친절하지만 본인만의 기준이 있다는 것은 내면이 단단하다는 거고 그 말인즉슨 결국 자존감이 굉장히 높다는 뜻이다. 자기 자신에 대한 믿음이 있기 때문에 앞서 언급한 특징처럼 행동할 수 있는 것이다. 겸손하지만 결코 비굴하지 않고, 예의 바르지만 결코 무례를 참고 넘기지 않는. 그런 단단함은 스스로에 대한 자기확신에서 비롯되는 경우가 많다. 그들은 이런 높은 자존감을 기반으로 부드럽지만 강한 모습을 여과 없이 보여준다.

즉, 만만하지 않다는 것은 자기 확신과 자신감이 있다는 것이다. 내가 어떤 사람인지, 무엇을 원하는지, 어떻게 살아갈 것인지 방향성이 확실한 사람을 말하는 것이다. 반대로 자존감이 낮은 사람들은 자신에 대해 잘 모르기 때문에 남들의 평가나 의견으로 모든 걸 이해하려 한다. 남들이 생각하는 내 모습 = 나 가 돼버리는 안타까운 경우다. 나도 예전에 자존감이 낮아 내 기준을 가지고 나를 위한 결정을 해야 하는데 기준 없이 남들의 눈치를 살피며 남들이 하라는 대로 행동했었다. 그런데 그렇게 살다 보니 그건 '내 삶'이 아니라, 그냥 '시키는 대로 하는 삶'에 불과했다. 나조차 나를 이해하지 못하는 인생이 과연 올바른 삶일까라는 생각을 하며 자존감을 높이고 나다움을 찾기 위해 굉장히 노력했고, 그렇게 스스로를 단련한 결과 그 무엇에도 흔들리지 않는 단단한 자존감을 형성하게 됐다. 확실하게 스스로를 믿고, 본인만의 기준을 가진 사람을 무시하거나 만만하게 보는 사람은 아무도 없다. 그러니 앞에 설명한 4가지의 특징을 잘 활용해 삶에 적용한다면, 인생이 훨씬 더 편해질 것이다.

상대에게 원하는 것을 얻을 수 있는 5가지 방법

유럽 최고의 지혜의 대가라고 불리는 '발타자르 그라시안'은, 인간관계에서 내가 상대방에게 원하는 것을 확실히 얻을 수 있으며 또 상대방이 나를 계속해서 원하게 할 수 있는 몇 가지 방법에 대해 소개했다.

1. 고마운 사람보다 필요한 사람이 되어라.

인간관계에서 고마운 사람들은 꽤나 많다. 나를 길러주

시고 키워주신 부모님, 그리고 힘든 학창시절 나와 함께 해줬던 동창들, 사회에서 만난 직장 동료들.. 모두가 고마운 사람들이다. 물론 이런 사람들에 대한 감사함도 잊지 않아야 하겠지만, 계속해서 그 사람이 나를 원하게 하기 위해서는 내가 그 사람에게 필요한 존재가 되어야 한다. 29살, 신불자 출신에 빚이 3억이었지만, 3년 만에 그걸 극복하고 연 10억의 자수성가 사업가가 된 안규호 대표는 자신의 채널 '안대장TV'에서, '내가 원하는 게 뭔지 생각하기 전에, 상대가 뭘 원하고 내가 상대방에게 어떤 걸 줄 수 있을지 고민해야 된다.'라는 명언을 남겼다. '감사합니다.' '고맙습니다.' '덕분이에요.'라는 말이 물론 좋은 인간관계 형성에 도움이 되는 언어들이지만, 정말 그 사람을 꾸준히 보고 싶다면 내가 그 사람에게 어떤 가치를 제공할 수 있을지를 깊게 고민해봐야 한다. 인간은 본디 이기적인 존재라, 자신에게 정신적인, 물질적인 도움이 되지 않으면 멀어지게 되어있다. 나도 일을 하며, 이 점을 깨닫고 굉장히 많은 성장을 할 수 있었는데 예전에는 내가 어떤 사람인지를 상대방에게 무작정 어필을 했었다. 그러나, 그런 경우 나의 말은 상대에게 공허한 메아리에 불과했고 당연히 그 관계에서 어떤 생산적인 결과가 나오기는 힘들었다. 하지만 상대가 어떤 걸 원하는지를 파악하고, 내가 가진 능력 중에 어떤 걸 활용하면 최대한 상대의 니즈에 맞출 수 있을까를 고민하기 시작하니 훨씬 더 나은 결과들을 얻을 수 있었다. 이처럼 상대에게 고마운 사람보다 필요한 사람이 되자. 어떤 걸 원하는지 계속해서 파악하고 그걸 어떤 식으로 제공할 수 있을지 고민해라.

2. 잠재적인 적에게 호의를 베풀어라.

41만 유튜버 '장사의 신'이자 전 프랜차이즈 치킨집 대표인 400억 자산가 은현장은 본인의 채널에서 블랙 컨슈머 대처법에 대해 말했다. '치킨집을 하며, 배달을 하다보면 꼭 그런 사람이 있다. 치킨을 시켰는데, 치킨에서 벌레가 나왔다, 치킨에서 이상한 게 나왔다라며 다짜고짜 화를 낸다. 심지어 욕설을 하는 사람도 있다. 하지만, 이런 사람들에게 같이 화를 내거나, 우리 가게에서는 그런 거 없습니다라고 말하는 순간, 문제는 훨씬 커진다. 그냥 처음부터 고객님 제가이 치킨집 사장입니다. 우선 심려를 끼쳐드려 정말 죄송합니다. 어떤 식으로 보상을 해드리면 될까요? 라며 사과를 하면 대부분은 화가 누그러진다. 그럼에도 불구하고 계속해서 화가 나 있는 상태라면 집 앞까지 찾아가서 사과를 한다. 그러면 100% 문제가 해결된다.' 이처럼 어떤 일을 하던, 나에게 적대적이거나, 항상 화가 나 있는 사람들을 대응해야 할 위기가 찾아오게 된다. 이 때 가장 중요한 것은 상대방에게 같이 적대적으로 맞서 싸우기보다는, 오히려 그 사람이 예상하지 못했던 호의를 베풀어보자. 상대는 예상치 못한 당신의 반응에 굉장히 당황할 거고, 자신이 판단했던 것보다 훨씬 더 친절하고 그릇이 큰 사람이었구나라는 생각을 속으로 할 것이다. 그리고 이런 우리 인생의 블랙 컨슈머들이 작은 호의로 인해 나에 대한 적대감을 풀면, 무엇보다 든든한

지지자가 되기도 한다.

3. 때로는 어리석은 척도 할 줄 알아야 한다.

눈치가 정말 빠른 사람들은 오히려 눈치가 없는 척을 한다. 난감하거나 민망한 상황이라거나 상대가 자신을 계속해서 가늠하고 파악하는 것처럼 느낄 때 '전 잘 모르겠는데요..' '그 부분은 저도 의문입니다.' 라는 식으로 자신을 확실히 드러내기보다, 숨기고 잘 모르는 척을 한다. 170만 유튜버 신사임당은 경제 인터뷰 유튜버다. 경제쪽에서 내노라하는 인터뷰이들을 많이 만나 인터뷰를 진행했으며, 실제로 본인도 경제나 재테크에 대한 지식이 굉장히 뛰어나다. 하지만 그는 인터뷰를 할 때 결코 본인이 아는 사항들을 다 얘기하지 않는다. 인터뷰를 하다보면 은근히 겹치는 내용을 많이 볼 수 있다. 예를 들어 부동산 전문가 인터뷰를 3명 정도 한다면 셋 다 대출에 관한 내용을 동일하게 말하는 경우다. 그러나 당연히 신사임당도 이 부분을 알고 있을 텐데도

불구하고, 인터뷰를 할 때마다 '아~ 그런가요?' '오 되게 좋은 정보인데요?'

라며 마치 정말 새로운 정보를 입수하게 돼서 감사하다라는 식의 반응을 보인다. 상대방도 당연히 신사임당이 그걸 모른다고 생각하지 않을 것이다. 하지만, 본인의 의견을 그렇게 존중해주고 대단한 정보인양 띄워주면 당연히 신이 나서 인터뷰를 진행하게 되고 서로의 티키타카가 잘 맞아 질 좋은 인터뷰 영상이 탄생하게 되는 것이다. 상대에게 원하는 것을 얻기 위해서는 이처럼 '나는 당신에게 배울 점이 있고, 그걸 배우고 싶습니다.'라는 식의 반응을 해야 한다.

4. 상대의 욕망을 이용하라.

앞서 말한 상대가 어떤 걸 원하는지를 파악하라는 것과 비슷한 맥락이다. 사람들은 다 각자의 가치관과 욕망이 다르다. 누군가는 엄청난 부를 갖고 싶어 하고, 누군가는 부가 아니더라도 자신의 시간과 자유를 중요시하며, 또 누군가는 굉장한 명예욕을 갖고 대의를 이루고 싶어 한다. 이처럼 사람마다 자신이 원하는 포인트와 욕망이 확연히 다르기에 그 욕망이 어떤 건지 파악하면 훨씬 더 상대방에게 원하는 것을 얻기가 쉽다. 연애를 할 때도 마찬가지다. 상대방이 외모적인 칭찬을 듣고 싶어 하는지, 아니면 자신의 커리어에 대한 인정과 칭찬을 받고 싶어 하는지를 정확히 파악해서 그 부분을 건드려 주면 상대는 당신에게 굉장한 특별함을 느낄 것이다.

5. 부탁은 타이밍을 봐서 해라.

어릴 때 나는 말 그대로 센스가 없는 아이였다. 같이 떼를 써도 동생은 항상 자신이 원하는 걸 부모님에게 얻어냈지만, 나는 얻어내지 못했다. 한 때는 부모님이 동생만 좋아하고 나를 싫어한다는 생각을 했었는데 시간이 지나고 보니 그게 아니었다. 내가 부탁하는 타이밍이 굉장히 좋지 않았던 것이다. 어릴 때 나는 부탁을 대개 아무 때나 했었다. 부모님의 기분이나 시간대를 고려하지 않고 내가 원하는 게 있다면 가서 얘기를 했던 것이다. 하지만, 동생은 달랐다. 동생은 부모님이 뭔가 기분이 좋아 보일 때나 금요일 저녁을 활용해 부탁을 했다. 그 결과 그가 원하는 것을 대부분 쟁취할 수 있었다. 이처럼, 상대방에게 부탁을 할 때도 타이밍이라는 게 굉장히 중요하다. 자신이 급하다고 상대방의 기분을 고려하지 않은 채 다짜고짜 부탁을 하면 상대방 입장에서는 굉장히 불쾌하고 또 그 부탁을 굳이 들어 줘야 하나라는 생각을 하게 된다. 그렇기에 급하다면, '정말 죄송한데'라거나, '제가 이렇게 급하게 말씀 드려서 유감인데.'라는 말을 최소한 앞에 붙이자. 원하는 것을 얻고 싶다면, 먼저 상대방의 기분과 타이밍을 고려하자. 같은 얘기라도 전혀 다른 반응과 결과를 얻을 수 있다.

최소한의 노력으로 관계에서 호감을 얻는 방법

1. 인사 뒤에 한 마디를 덧붙여라.

말만 하더라도 기분이 좋아지는 사람들이 있다. 이런 사람들의 공통점은 보통 인사를 먼저 잘 한다는 것인데, 여기서 그들은 하나를 덧붙인다. 예를 들면, '안녕하세요. 식사는 하셨어요?' '안녕하세요. 날씨가 너무 춥더라고요.' 단순히 인사만 하는 것이 아니라, 상대방과 감정을 공유한다는 느낌이 들게 하는 것이다. 이런 말투는 상대로 하여금 '안녕하세요~'라고 받아치지 않고, 대화를 전개하게 만들 수 있는 여지를 만든다. '아니요. 아직 식사 안 했습니다. 식사하셨어요?' '어, 저도 안 먹었는데 괜찮으면 같이 드실까요?' 라며 같이 시간을 보낼 수 있는 기회를 만들기도 하고, '그러게요. 아 오늘 진짜 추워 죽는 줄 알았네요. 어제는 잘 보내셨어요?'라며 대화를 이어가게 만들기도 한다. 단 몇 마디만 붙임으로써 그 사람과의 새로운 관계의 기회를 형성할 수 있다면 안 할 이유가 없다.

2. 상대에게 관심이 있음을 정확히 표현해라.

상대에게 호감을 사는 사람들의 공통점은 상대방을 존중하고 배려하는 것은 물론, 상대방이 어떤 것을 좋아하고 싫어하는지 정확히 파악하고 있다는 것이다. 그리고 이런 것들을 센스 있게 티낸다. 가령, '오늘 뭐 먹을래?' 라고 했을 때, '너가 별로 안 좋아하는 회 빼고 내가 한 3개 정도 생각해봤는데…'라는 식이다. 자신의 취향을 정확하게 기억하고 고려해주는 친구를 싫어하는 사람은 없다. 많은 관심이 있고, 그 사람의 취향을 정확하게 기억하더라도 표현하지 않으면 무용지물이다. 그렇다고 너무 티를 내는 것도 좋지 않기에 어느 정도 적정선을 유지하며 센스 있게 티를 내는 연습을 해보자. 훨씬 더 그 관계가 돈독해지고 좋아질 것이다.

3. 상대가 기분 좋게 이야기하도록 유도해라.

대화를 하다보면 가장 대화를 하기 싫은 유형은, '그거 내가 아는 건데.' '그거 내가 해본 건데.'라며 아는 척을 하는 유형이다. 반면에 가장 대화가 유익하고 함께 있을 때 대화가 잘 된다고 생각하는 사람들은 '와, 그런 것도 있었어?' '그러고보니 그러네?'라며 상대방의 대화와 지식을 존중해주는 경우다. 칭찬은 고래도 춤을 추게 한다는 말처럼 나와 대화하는 상대방의 말을 듣고 '진짜?' '놀라운데?' '그러고 보니 그러네?'라는 반응을 해준다면, 상대도 절로 신이 나 더 많은 정보들을 얘기할 거고, 그렇게 되면 훨씬 더 유익한 대화를 나눌 수 있다.

4. 리액션과 반응은 많으면 많을수록 좋다.

대화를 할 때 가장 힘든 유형이 바로 리액션과 반응이 없는 유형이다. 이런 사람들과 대화를 나누다보면 '내가 지금 잘못 말하고 있는 건가?' '내가 이렇게 재미가 없는 사람인가?'라는 생각이 절로 든다. 하지만 리액션과 반응만 적극적으로 하더라도 그 대화는 훨씬 더 풍부해진다. 어떤 말을 할 때도, 한 번 더 말을 되뇐다거나, '그래서 그렇단 말이지?' 공감해주거나, '너가 그런 상황이었구나. 힘들었겠다.' 한다면 리액션과 적극적인 반응을 받는 상대방은 여러분에 대해 훨씬 더 긍정적인 이미지를 가질 수 밖에 없다. 리액션과 반응을 하는 것은 결코 어렵지 않다. 최소한의 노력만 하면 되는 것이다. 하지만, 그 결과는 내가 투자한 시간이나 노력대비 훨씬 더 크게 다가온다. 앞서 말한 이 4가지를 오늘부터 활용한다면, 많은 기회와 좋은 인연들을 얻을 수 있을 것이다.

"

세상은 거울과 같다.
사람들과의 관계에서 겪는 문제들의 대부분은 스스로와의
관계에서 겪고 있는 문제를 거울처럼 보여준다.
밖으로 나가서 남들을 바꿔놓을 필요는 없다.
우리 자신의 생각을 조금씩 바꿔 나가다보면
주변 사람들과의 관계는 자동으로 개선된다.

『맹자』

"

VI

인간관계에서
반드시 끊어내야 하는 사람

성격 쿨한 사람들만 갖고 있다는 특징

1. 관심을 갈구하지 않는다.

성격이 쿨하고 깔끔한 사람들은 상대방에게 관심을 갈구하지 않는다. 자신이 스스로에 대한 확신이 있기 때문이다. 이런 사람들은 명확한 가치관을 갖고 스스로가 혼자 보내는 시간도 유의미하고 유익하게 보낸다. 이렇지 못한 사람들은 대개 관계에 있어 상대방의 관심을 갈구하고 또 의존하게 된다. SNS를 보다보면 자신을 과도하게 드러내는 사람들이 있는데, 그런 사람들은 겉으로는 굉장히 화려하고 멋지게 사는 것 같아 보여도 그 과시욕만큼 결핍이 있는 경우가 많다. 남들의 관심에 의존하고, 그 관심이 없으면 스스로가 인정받지 못하는 것 같아 견디지 못하는 것이다. 하지만 성격이 쿨하고 스스로를 믿는 사람들은 결코 그런 것에 의존하지 않는다. 누가 뭐래도 자신을 믿기에 누군가의 인정 자체가 별 필요 없다.

2. 말을 꼬아듣지 않는다.

'봉투에 담아드릴까요?'라고 얘기하면, '그럼 안 담아주려고 했어?'라고 하거나, '너 요즘 예뻐졌다.'라고 하면, '성형했다고 돌려 까는 거야?' 라며 굉장히 참신한 방법으로 상대의 칭찬이나 호의를 꼬아듣는 사람들이 있다. 이런 사람들은 기본적으로 피해의식이 굉장히 심하며 상대방에 대한 적대감을 갖고 있다. 이런 심리의 근원에는 항상 무시당하고, 자신이 피해자라는 인식이 있어 그런 경우가 많다. 하지만 성격이 쿨하고 관계도 깔끔하게 맺는 사람들은 상대방이 말한 그대로 듣고 대답한다. 호의나 칭찬에는, 감사합니다, 덕분입니다라고 답하고, 그 사람에게 더 큰 호의나 칭찬을 베풀기 위해 노력한다. 그렇기에 이런 사람들 주변에는 항상 사람이 많을 수밖에 없다.

3. 비판은 수용하고 비난은 무시한다.

이런 사람들은 이유 있는 비판은 겸허하게 받아들인다. 한 사람만 자신을 향한 비판을 했을 때는 몰라도, 많은 사람들이 자신을 향한 애정 어린 비판을 했을 때는 그게 자신의 문제라고 생각한다, 그리고 그 문제점을 고치기 위해 스스로가 피나는 노력을 한다. 하지만, 그게 단순히 애정 어린 비판이 아니라, 무조건적인 비난이면 깔끔하게 무시한다. 비판과 비난의 차이는 바로 해결책을 제시하느냐 아니냐의 차이다. '넌 그래서 안 돼.'라는 말은 비난이다. 해결책도 제시하지 않고 다짜고짜 상대를 깎아내리고 감정적으로 무시하기 때문이다. 반면, '넌 그런 점이 좀 아쉬운데, 그걸 이런 식으로 바꿔보면 어떨까?'라는 말은 비판이다. 해결책을 제시하고 상대가 그 해결책을 삶에 적용해 더 나은 인생을 살길 바라기 때문이다. 이처럼 성격이 쿨한 사람들은 관계에서 비판과 비난을 정확하게 구분할 줄 안다. 비난은 과감하게 무시하고, 비판은 적극적으로 받아들이며 더 나은 인생을 살기 위한 성장을 끊임없이 해나간다.

4. 자신의 생각을 명확하게 말한다.

이들은 싫고 좋음의 기준이 명확하다. 자신이 뭘 좋아하는지 상대방에게 제대로 표현할 줄 알고, 또 어떤 걸 싫어하는지 정확하게 말하며 상대방이 자신에게 무례를 저지를 기회조차 주지 않는다. 누군가는 이렇게 명확하게 자신의 의견을 말하는 사람들을 보고 불편해할 수도 있다. '쟤는 뭘 믿고 저렇게 당당한 거야?' '쟤는 뭔데 저렇게 거만해?' 하지만, 이 사람들은 거만한 게 아니라 솔직한 것이다. 무례한 게 아니라 당당한 것이다. 그렇게 자신의 생각을 명확하게 말하며 오히려 불편할 일을 만들지 않는다.

인간관계에서 반드시 버려야 할 것

1. 눈치 과하게 보지 않는 것.

눈치를 과하게 보는 사람들은 항상 자신의 행동이나 말이 상대방에게 어떤 영향을 미칠까, 상대방이 어떤 반응을 보일까 걱정한다. 이를테면 이런 것이다. 같이 피자집에 갔는데, 자신은 콤비네이션 피자가 먹고 싶은데 상대방이 어떤 걸 좋아하는지 몰라 먼저 절대 말하지 않는 경우와 같다. 차라리 그게 먹고 싶으면 '나는 콤비네이션 피자가 좋은데, 넌 어때?'라거나, '여기 하프 메뉴 있네. 나는 콤비네이션 고를 게. 너가 하나 골라.'라는 식으로 자신의 의견을 명확하게 표현하거나, 타협점을 찾아야 하는데 철저히 상대방의 눈치를 보며 조심스럽게 선택을 한다. 행여나 상대방의 심기를 건드릴까봐 노심초사하는 것이다. 그러나 절대 그렇게 살지 않아도 된다. 눈치를 보면 볼수록 내 인생에서 내가 없어진다.

2. 모두에게 잘 보이려 노력하는 것.

앞서 다뤘듯, 모두를 만족하는 사람은 전혀 없다. 심지어 국민 MC라고 불리는, 결점 없는 유재석마저도 너무 착하다고 싫어하는 사람들이 있다. 평생 선행을 베풀며 살다간 사람에게도 '경제관념 없는 무지한 자'라며 비난하는 사람들이 있다. 그렇기에 모두에게 잘 보이려 노력할 필요가 전혀 없다. 그래도 이왕이면 최대한 많은 사람들을 만족하는 삶을 살고 싶어, 노력을 하는 사람들을 많이 보게 되는데 그런 사람들에게 이렇게 말해주고 싶다. '10의 노력을 하며, 5의

사랑을 얻을 바에는 1의 노력을 하며 3의 사랑을 얻으면 된다. 당신이 뭘 하든 당신을 싫어하는 사람은 더더욱 당신을 증오할 것이며, 당신이 뭘 하든 당신을 좋아하는 사람은 당신을 응원하고 격려해주며 옆을 지켜줄 것이다.'

3. 너무 많은 의미부여를 하는 것.

상대방의 행동이나 말에 너무 많은 의미부여를 하는 사람들이 있다. 나도 예전에 이런 케이스였는데, 누군가에게 업무 카톡을 보냈는데 그 사람이 읽고 답을 하지 않을 때 혼자 속으로 별별 생각을 다 했었다. '아, 내가 너무 연락을 건조하게 했나.' '너무 까탈스러웠나.' '저 사람이 나를 싫어하는 건가?' 하지만, 대부분 PC를 켜놔, 자동으로 내 카톡이 읽음 처리된 경우였고 내가 엄청나게 의미부여를 했던 일은 정작 상대방은 아무런 생각조차 없는 경우가 많았다. 이처럼 상대방의 별 거 아닌 행동과 말에도 엄청나게 의미부여를 하게 되면 내 삶이 고달파진다. 그러니 웬만하면 상대방의 행동이나 말에 숨겨진 의미를 파악하려 하지 않고, 곧이 곧대로 받아들여도 된다.

4. 일어나지도 않은 일을 걱정하는 것.

진짜 특이했던 친구가 있었다. 그 친구 같은 경우에는 함께 재밌게 놀다가도 한 번씩 굉장히 슬픈 표정으로 골똘히 생각에 빠지곤 했었는데, 그 때 친구에게 '갑자기 왜 그렇게 슬픈 표정을 짓는 거야?'라고 할 때 그 친구가 이렇게 말했던 기억이 난다. '그냥, 지금은 너무 좋은데 나중에 지금 여기서 재밌게 노는 친구들 중에 몇 명이나 연락하며 보고 지낼까?' 이처럼 이런 사람들은 일어나지도 않은 일을 걱정하며, 최악의 상상을 한다. 마치 밖에 나가면 우박이 떨어지진 않을까 걱정돼 집 안에만 있는 케이스다. 스스로 불행을 자초하는 이런 어리석은 행동은 관계에서 정말 쓸데없는 가치관이다. 앞서 말한 4가지를 명심하고, 좋은 인간관계를 만들기 위해 반드시 지키도록 하자. 건강한 생각에서 건강한 관계가 만들어지고 유지된다.

"

인간의 가장 어리석은 행동 중 하나는
상대방의 결점만 찾아내는 태도다.

『강호동』

인간관계에서 성숙한 사람들의 특징

1. 남의 비밀들을 궁금해 하지 않는다.

상대방을 배려하고 존중하는 사람들, 그리고 누구에게나 사랑 받고 호감형인 사람들의 특징 중 하나는 남의 비밀들을 궁금해하지 않는다는 것이다. 그런 사람들이 있다. 어떻게든 상대의 비밀을 알기 위해 꼬치꼬치 캐묻는 사람들. 하지만 상대방은 그런 사람들에게 부담을 느끼게 되고 당연히 관계는 소원해지게 된다. 성숙한 사람들은 상대방과 적절한 거리를 유지하는 게 오히려 서로의 건강한 관계에 반드시 필요한 행동이라고 생각하고 그 적절한 거리와 상대방의 프라이버시를 지켜준다. 그리고 그 프라이버시가 지켜진 상대방은 당연히 성숙한 상대방에게 고마움을 느낄 것이고, 서로가 서로를 존중하는 가운데 건강한 관계가 유지된다.

2. 내로남불하지 않는다.

성숙하지 못하고 미숙한 사람들은, 자신에게는 한 없이 주관적이지만 타인에게는 한 없이 객관적이다. 즉, 자기 자신을 엄청나게 과대평가하고 스스로의 잘못은 '그럴 수도 있지.'로 쉽게 넘기지만, 상대방은 엄청나게 과소평가하며 상대방의 잘못은 '어떻게 그럴 수가 있어?'로 크게 다룬다. 주변에 이런 사람이 있었는데, 상대방이 발자국 소리를 크게 냈다고 조용하라고 했지만, 정작 본인이 접시를 깨며 훨씬 큰 소리를 냈을 땐, 다른 사람들에게 미안하다고 사과조차 하지 않았었다. 당연히 이런 사람 주변에는 사람이 없다. 내로남불은 하나의 질병에 가깝다. 하지만 성숙한 사람들은 자기 자신이 먼저 솔선수범하고, 잘못한 게 있으면 바로 잡으려 노력한다. 상대방보다 스스로에게 더 엄격하고, 까다롭다. 그렇기에 상대방도 자연스레 이들을 배려하고 존중해준다.

3. 기분이 태도가 되지 않는다.

매일 매일 기분이 시시각각 변하는 사람들이 있다. 기분이 변하는 건 크게 상관없는데, 자신의 기분에 따라 태도가 되는 경우는 굉장히 난감하다. 예전 회사를 다닐 때 위 상사에게 결재를 많이 맡곤 했다. 그럴 때 그 상사의 기분이 좋지 않을 때는 결재를 맡는 게 굉장히 두려웠다. 작은 것 하나로 꼬투리를 잡고, 보고서를 다시 작성해오라고 소리를 질렀기 때문이다. 하지만, 자신의 기분이 좋을 땐 보고서를 보지도 않고, '고생했어.'라고 어깨를 툭툭 두드리며 사인을 해줬다. 그래서 밑의 직원들은 오늘 그 상사 기분이 어떤지가 그

날의 가장 중요한 화두였었다. 이처럼 자신의 기분이 태도가 되는 사람들은 아마추어들이다. 공과 사를 구분해야 하는 것은 물론인데, 그것조차 되지 않는 사람들은 성숙한 성인이라 결코 볼 수 없는 것이다. 자신의 기분이 태도가 되지 않도록 스스로를 잘 컨트롤하고 관리할 필요가 있다.

4. 스스로를 채우는 일에 시간을 아끼지 않는다.

이들에게 무엇보다 중요한 것은 스스로를 채우는 일이다. 스스로가 똑바로 서야 상대방도 존중해줄 수 있는 여유가 생긴다는 걸 무엇보다 잘 알기 때문이다. 어떤 배움이든 의미 있다고 생각하고, 어떤 경험이든 도움이 된다고 믿는다. 그렇기에 이들은 의미자본과 경험자본을 계속해서 쌓고 발전해나간다. 남을 우선으로 채워주고 도와주는 게 아닌, 스스로를 먼저 채우고 그릇을 크게 만든 뒤, 그 큰 그릇으로 많은 사람들을 기꺼이 담는다. 앞서 언급한 이 4가지의 특징을 유념한다면, 누구나 인간관계에서 훨씬 더 여유를 갖고 좋은 인연들을 만들 수 있을 것이다.

34
인간관계 고수들이 반드시 지킨다는 것

1. 무례함과 솔직함을 구분한다.

무례함과 솔직함을 구분하는 것은 생각보다 쉽지 않다. 많은 사람들이 무례함과 솔직함을 혼동하는 경우가 많은데, 이 둘은 엄연히 다르다. 예를 들어 보겠다. 누군가가 살이 쪘다고 했을 때 무례한 사람들은, '야, 너 왜 이렇게 살 쪘냐? 굴러다니겠다. 얼굴이 터지겠어.'라고 말하며 상대방이 불쾌한 내색을 하면, '이렇게 솔직하게 얘기하는 게 낫지 않냐? 충격

요법 몰라?'라며 도리어 자신의 행동을 정당화한다. 하지만 솔직한 사람들은 '예전보다 덩치가 좀 커진 거 같은데?'라고 조심스레 말하며, '같이 운동할래? 요즘 나도 덩치가 커져서 좀 고민이다.'라는 식으로 해결책을 제시한다. 즉, 무례함은 듣는 상대방의 입장이나 감정을 전혀 고려하지 않고 오로지 자신의 관점을 상대에게 주입시킬 목적으로 말하는 것이고, 솔직함은 상대의 감정과 기분을 배려하고, 해결책을 제시함으로써 이 상황을 더 발전적으로 개선시킬 의도를 갖고 있는 것이다. 스스로를 한 번 돌아보자. 나는 과연 솔직함을 표방하는 무례함을 상대방에게 관철시킨 건 아닌지. 자신의 의견을 주장하거나 누군가에게 조언을 할 때 반드시 솔직함과 무례함을 구분할 필요가 있다.

2. 내 감정은 내가 책임지려 한다.

화를 냈다면 푸는 것도 나의 몫이고, 슬퍼서 울었다면 멈추는 것도 나의 몫이다. 하지만 인간관계를 잘 못하는 사람들은 자신의 감정을 상대방에게 배설하고, 상대방으로 하여금 부담감과 죄책감을 느끼게 한다. '내가 뭘 잘못했나?' '나한테 왜 저러지?'라는 생각이 들게끔 행동하고 말하는 것이다. 그러나 상대방은 그런 사람들의 감정 쓰레기통이 아니다. 내가 감정이 많이 상했다고, 기분이 나쁘다고 상대에게도 그런 감정을 전하는 것은 굉장히 미성숙한 행동이다. 인간관계 고수들은 감정의 공과 사를 정확히 지킨다. 자신이 기분이 나쁜 것은 개인적인 일이며, 인간관계는 공적인 일이다. 그렇기에 인간관계에서는 결코 자신의 감정에 휩쓸려 행동하지 않는다. 그런 행동과 말 하나하나가 자신의 이미지에 치명적인 영향을 미친다는 것을 잘 알고 있기 때문이다. 잊지 말자. 인간관계 고수가 되기 위해선, 최소한 자신의 감정은 자신이 책임져야 한다.

3. 누군가를 용서하는 건 남이 아니라 나를 위한 것이다.

오래도록 미워한 지인이 있었다. 오래 알고 지내 굉장히 많이 믿었고 오랜 시간을 즐겁게 보냈었다. 그런데 나에게 힘들다며 돈을 빌렸고, 그 이후로 돈을 갚지 않아 서로 감정의 골이 깊어졌다. 처음에는 나도 급한데 너를 위해 빌려줬으니 빨리 돌려줬으면 좋겠다라며 좋게 좋게 얘기했다. 그 지인도 처음에는 굉장히 미안해했다. 하지만 시간이 지나자 오히려 적반하장으로 나왔다. 자신이 돈이 있는데 안 갚는 거냐며, 왜 그렇게 닦달을 하냐는 뉘앙스로 말을 했고 서로 감정의 골이 깊어져 아직까지 돈을 받지 못했다. 그렇게 한 1년 정도, 돈도 돈이지만 그 돈으로 오래 알고 지낸 소중했던 지인 한 명을 잃었다는 생각에 많이 힘들었다. 하지만 그때 친한 친구가 나에게 이렇게 얘기해줬다. '그냥 마음속에서 잊고, 용서해줬으면 좋겠다.' 나는, 그 친구에게 화를 내며, '이게 용서가 되는 문제냐.'라고 반박했지만, 이어진 그 친구의 말에 자연스레 수긍할 수밖에 없었다. '용서는 상대방을 위한 게 아니라 너를 위한 거야. 누군가를 미워하는 감정을 속에 품고 있어봤자, 결국 너 속만 썩어. 미워하는 대신 그냥 잊는 게 너 자신을 위해서도 가장 좋아.' 그 말을 듣고, 생각이 많이 전환됐다. 지금까지 용서는 나에게 큰 잘못을 한 상대방에게 해주는 것이라고 생각했고 그렇기에 용서의 가치를 굉장히 높게 봤었다. 하지만 용서는 잘못을 한 상대방이 아니라, 결국 내 평온한 감정을 위한 것이라고 생각하니 훨씬 더 수월해졌다. 이처럼 용서는 상대방을 편하게 해주는 게 아니라, 나를 편하게 해주는 거라고 생각하면 굉장히 쉬워진다. 이 3가지를 반드시 기억하고 인간관계에 적용해보자. 놀랍게 바뀔 것이다.

"

인생을 살아보니까 그런 것 같아.
모든 사람들을 만족시킨다는 건 현실적으로 너무 어려워.
그건 포기해야지.

『유재석』

"

인간관계에서 반드시 끊어내야 하는 사람

1. 내가 싫어하는 걸 알면서도 계속 하는 사람.

'재밌는데 왜 그래~' '장난인데 뭐 그렇게 예민하냐?'라며, 내가 싫어하는 걸 알면서도 집요하게 그 행동이나 말을 계속해서 하는 사람들이 있다. 이런 사람들은 나의 싫어하는 반응을 즐기는 소시오 패스에 가깝기에 반드시 끊어내야 한다. 상대의 불쾌함을 예민함으로 치부하고 자신을 정당화시키는 건 참으로 비겁한 행동이다.

2. 나에 대한 소문을 만들어내는 사람.

학창 시절, '와전'을 전문적으로 하는 동창이 있었다. 예를 들면 이렇다. A와 B가 말다툼을 했다고 하면, 그 친구는 다른 사람들에게 'A와 B가 주먹다짐을 했다.'라는 식으로 와전해서 전달하는 것이었다. 과장이 아니라 틀린 사실을 말하니 당연히 자극적일 수밖에 없었고, 처음에는 그 동창의 말에 혹하던 친구들도 더 이상 그 동창을 믿지 않았다. 주변에 이런 사람들이 있다면 반드시 제거해야 한다. 나에 대한 안좋은 소문을 만들어내는 사람들은 어떤 식으로 그 소문을 퍼뜨릴지 모른다. 행여나 내 커리어나 이미지에 굉장한 손상을 끼칠 수도 있으니, 그 전에 싹을 잘라내자.

3. 개인사나 약점을 힘들게 털어놨더니 오히려 쥐고 흔드는 사람.

누구에게나 약점은 있고, 어려웠던 인생사가 존재한다. 믿을만한 사람 같아, 모든 걸 어렵게 털어놨을 때 상대방의 반응은 크게 3가지로 나뉜다. 첫 번째는 함께 공감해주고 안

타까워해주며 해결책을 찾으려 하는 반응, 두 번째는 '그렇구나. 힘들었겠다.'라며 큰 감정의 동요 없이 공감해주는 유형, 그리고 세 번째는 상대방의 약점을 잡았다라고 생각하며 어떻게든 쥐고 흔들려 하는 유형.

4. 동의하기 어려운 가치관을 억지로 관철시키려는 사람.

지구가 평평하다고 말하면 아무도 안 믿을 것이다. 심지어 평평하지 않고 둥글다고 과학적으로도 증명된 사실이다. 그러나 생각보다 많은 사람들이 '지구는 무조건 평평해! 너도 그렇게 믿어야 해!'라는 식의 태도로 인간관계를 대한다. 자신이 굳게 믿는 가치들은 모두 옳다고 확신하며, 자신과 가치관이 다른 상대방을 틀린 사람 취급한다. 거기서 끝나는 게 아니라 자신의 가치관을 억지로 관철시킨다. '야, 지구가 평평하다니까? 왜 그걸 몰라! 그냥 외워. 지구는 평평한 거야.' 무식한 사람이 신념을 가지면 무섭다는 표현과 흡사한 경우다. 위 4가지 유형들을 세상을 살아가며 만나게 된다면 반드시 피하거나 피할 수 없다면 최대한 깊은 관계를 맺으려 노력하지 마라. 함께 있으면 나만 피폐해지고 손해 볼 수밖에 없다.

무례한 사람에게 휘둘리지 않는 법

ⓒ정재훈. 2022

초판 1쇄 발행 2022년 1월 21일
초판 15쇄 발행 2023년 9월 04일

지은이　┃정재훈

편집인　　┃권민창
책임편집　┃권민창
디자인　　┃신하영, 이현중
책임마케팅┃윤호현, 김민지
마케팅　　┃윤호현, 김민지, 정호윤
제작　　　┃제이오
출판총괄　┃이기웅
경영지원　┃박상박, 박혜정, 최성민

펴낸곳　　┃㈜바이포엠 스튜디오
펴낸이　　┃유귀선
출판등록　┃제2020-000145호(2020년 6월 10일)
주소　　　┃서울시 강남구 테헤란로 332, 에이치제이타워 20층
이메일　　┃mindset@by4m.co.kr

ISBN 979-11-91043-65-5 (03190)

마인드셋은 ㈜바이포엠 스튜디오의 출판브랜드입니다.